副主编

邓 俊 中国人民大学硕士，拥有12年投行业务经验，专注于IPO，上市公司并购重组，再融资。

张芸维 北京大学硕士，拥有10年投行业务经验，专注于IPO，上市公司并购重组，再融资，以及财务顾问业务。主要工作领域为集成电路、新能源和装备制造等。

王 飞 北京大学硕士，拥有8年投行业务经验，专注于公司债券，企业债券，ABS。

宋 睿 北京大学硕士，拥有3年投行业务经验，专注于IPO，上市公司再融资。

刘珊珊 美国特拉华大学硕士，拥有在美国、中国香港、中国大陆三地12年财富管理行业经验，专注于服务高净值企业家客户实现资产的保值、增值与传承。

潘 越 北京大学硕士，目前就职于某国有总行。

投行访谈录

CONVERSATIONS WITH
INVESTMENT BANKERS
The Real Life in IBD

真实的投行职场

主 编　邢恩泉

中国法制出版社
CHINA LEGAL PUBLISHING HOUSE

图书在版编目(CIP)数据

投行访谈录：真实的投行职场 / 邢恩泉主编．——北京：中国法制出版社，2022.8

ISBN 978-7-5216-2749-7

Ⅰ.①投… Ⅱ.①邢… Ⅲ.①投资银行—银行业务—中国—文集 Ⅳ.①F832.33-53

中国版本图书馆CIP数据核字(2022)第115060号

策划编辑：赵　宏　　　　　　　　　　　　　封面设计：杨泽江
责任编辑：陈晓冉

投行访谈录：真实的投行职场
TOUHANG FANGTANLU：ZHENSHI DE TOUHANG ZHICHANG

主编 / 邢恩泉
经销 / 新华书店
印刷 / 三河市紫恒印装有限公司
开本 / 710毫米×1000毫米　16开　　　　印张 / 13.5　字数 / 166千
版次 / 2022年8月第1版　　　　　　　　　2022年8月第1次印刷

中国法制出版社出版
书号 ISBN 978-7-5216-2749-7　　　　　　　定价：58.00元

北京市西城区西便门西里甲16号西便门办公区
邮政编码：100053　　　　　　　　　　　　传真：010-63141600
网址：http://www.zgfzs.com　　　　　　　编辑部电话：010-63141835
市场营销部电话：010-63141612　　　　　　印务部电话：010-63141606
（如有印装质量问题，请与本社印务部联系。）

主编寄语

金融圈是一个围城，投行是这个围城中最显眼的碉堡之一。

外面的人幻想着其中的灯红酒绿，坐拥繁花似锦；里面的人看尽了市场的商海浮沉，细数行业艰辛。

离钱近的行业，虽然总是更容易看到一飞冲天的神话，但大部分人仍然是兢兢业业、慢慢积累经验的普通人。

人生命运的重大转折点并不是很多，学业是一个，择业也是一个。

本书将为大家带来真实的投行生活。

我们想为大家揭开投行神秘的面纱——为求职者解惑，为好奇者科普，对真实的从业者致敬。

没有什么事情是容易获得成功的，在这里，尤其是这样。

——潘越

无论选择什么行业，都要不断地精进自己的业务水平，投资银行业务岗位更是如此。人不仅要抬头看天，更要低头看路，行稳致远。

——张芸维

作为一名从事投行工作即将满两年的从业者，我在尚且短暂的职业生涯中切身体会了我国资本市场快速发展的过程，也在这个过程中见证了自己逐步学习、积累的成长历程。希望通过我们的亲身经历和感受，能让更多对这个行业满怀热情的朋友了解投行，并怀揣探索与奋斗的精神坚定地参与其中，做一名与时俱进的投行人。

——宋睿

感谢邢老师组织并编写本访谈录，希望有志于从事投行业务的同学能够通过本书对投行业务有所了解，并找到合适的工作。投行之路，最重要的是坚持努力并学会敬畏市场，与君共勉。

——王飞

序言

　　金融圈、投行就像一座浮于天际的空中花园，远看玄幻瑰丽，让人心驰神往但又望而却步，它好像对外来人筑起了高高的壁垒，实则不然。当你一路走来，到近处观察，它既有云梯，亦有支柱，这世上哪有什么空中楼阁。

　　也许你想象着投行里的人过着多金的生活；也许你想象着他们西装革履、谈笑风生；也许你想象着他们叱咤风云、一呼百应。看看自己，迷茫着、期待着自己何时能够跻身这个行列。实际上，投行里的人们也在踏踏实实地工作，过着一点一滴慢慢积累的生活。圈外人和在校生朋友，每个行业自然都有它的壁垒，但绝非不可企及，投行与你们的距离真的没有那么远，无论你是不满现状想要转到投行来闯荡，还是初出茅庐想要到投行开创自己的天地，我们都愿意为你拨开迷雾，指明道路。攀登的勇气和毅力人皆有之，鲜有的是能够带你到云梯脚下的引路人，我们愿意扮演这个角色。

　　《投行访谈录》是邢恩泉副教授的导师组近年来对从事一级行业的17位精英从业经历的真实访谈，覆盖了股、债等各个方面，蕴藏着每一位受访者的从业感悟，饱含着对后来者推心置腹的关心与建议。其访谈对象既有从业十年的大咖，也有刚入行的新人，立志为大家展示最真实、最多维的投行故事。

  本书分为三个部分，包括在投行工作的感受、对于行业的介绍和概览，让你在最开始就明确方向，少走弯路；投行的业务扫盲，带你一步步走近投行人具体的工作生活；求职转行的准备指南，提供一份让你心里有底的攻略书。文中的专业术语都有细致全面的注解，即使初入金融圈的读者也不会遇到阅读障碍，让你高效地获得想要的知识和干货才是大家共同的目标。我们相信，处于各个阶段的朋友，你们都能在这本书中有所收获，这里没有高屋建瓴、指点江山，多的是娓娓道来和中肯的建议，如果你们能够在书中有所得，就是我们无上的荣幸。

目录

第一部分　在投行工作，是一种什么体验

　　做股做债的抉择及注册制意味着什么 / 003

　　做股业务介绍及从业指南 / 019

　　做债前景展望及就业准备 / 028

　　一、二级市场工作比较与职业选择 / 038

第二部分　投行业务扫盲：做股、做债、ABS、量化投资指南

　　重组和再融资项目与IPO项目的比较 / 051

　　信贷ABS业务介绍及从业指南 / 061

　　债券承揽与执行的宏观视角 / 077

　　ABS业务简介及从业准备 / 092

　　REITs业务简介及前景展望 / 105

　　量化投资技能在投行中的运用 / 114

第三部分　如何进入投行：求职和转行必备

如何进入投行：求职及准备 / 127

投行成长路径指南 / 136

头部投行实习的工作内容与注意事项 / 149

投行项目阶段简介与入职头部投行的得失 / 157

投行IPO业务实习攻略及如何规划 / 166

头部券商投行的挑战和机遇 / 182

从审计到投行的转型启示 / 192

致　谢 / 209

第一部分
在投行工作，是一种什么体验

做股做债的抉择及注册制意味着什么

做股业务介绍及从业指南

做债前景展望及就业准备

一、二级市场工作比较与职业选择

做股做债的抉择及注册制意味着什么

嘉宾经历

- 本期嘉宾就职于某知名券商，从事投行工作六年有余，目前主攻IPO和再融资项目。
- 展望注册制红利期，嘉宾在金融行业职业规划方面见解独到，在做股、做债的选择上理解深刻。

在一个深秋的下午，赵怀安[①]师兄刚刚处理完项目现场的工作。趁着工作间隙，他在单位办公室接受了我们的线上采访。

赵怀安师兄毕业后便加入某知名券商投行，目前从事投行工作已经六年有余，主要负责IPO*和再融资*项目。

---

① 本书人物均为化名。

> **知识小卡片**
>
> ★ IPO
>
> 首次公开募股（Initial Public Offering）是指一家企业第一次将它的股份向公众出售。
>
> ★ 再融资
>
> 再融资是指上市公司通过配股、增发和发行可转换债券等方式在证券市场上进行的直接融资。

一念既出，万山无阻

"我读研究生期间曾在某知名券商实习，因为团队气氛很好，加上自己与领导和同事相处得也比较愉快，毕业后就决定留下来。目前我在该券商投行部，主要负责IPO和再融资项目。"

关于职业选择，赵怀安师兄告诉我们，其实他最初并没有想过去投行，而是想去做量化*或者二级市场*交易，还跟老师一起发过量化领域的论文。后来因为爱人要去江苏工作，所以他也想找一家在江苏的公司。二级研究员的工作比较难做到这一点，但是投行的工作可以，因为投行需要经常出差，因此工作地点比较灵活。不过，在投行工作并不意味着完全脱离二级市场，因为一级市场*和二级市场之间存在紧密的联系。

> **知识小卡片**
>
> ★ 量化
>
> 量化即量化投资,是指通过数量化方式及计算机程序化发出买卖指令,以获取稳定收益为目的的交易方式。
>
> ★ 二级市场
>
> 也称证券交易市场,是指已发行的有价证券买卖流通的场所,是有价证券所有权转让的市场。它为证券持有者提供变现能力,在其需要现金时能够出卖证券得以兑现,并且使新的储蓄者有投资的机会。
>
> ★ 一级市场
>
> 也称发行市场或初级市场,是资本需求者将证券首次出售给公众时形成的市场。它是新证券和票据等金融工具的买卖市场。

在以往的采访中,为了减少职业选择中的信息不对称,有一些前辈建议我们增进对其他行业的了解,例如资管*、基金*等。针对这个问题,我们也征求了赵怀安师兄的意见。

> **知识小卡片**
>
> ★ 资管
>
> 此处资管指集合资产管理,集合资产管理是集合客户的资产,由专业的投资者(券商)进行管理。它是证券公司针对高端客户开发的理财服务创新产品,投资于业绩优良、成长性高、流动性强的股票等权益类证券以及股票型证券投资基金的资产。

★ 基金

> 此处基金指投资基金，投资基金也被称为共同基金，是通过公开发售基金份额募集资本，然后投资于证券的机构。投资基金由基金管理人管理，基金托管人托管，以资产组合方式进行证券投资活动，为基金份额持有人的利益服务。

"这主要取决于你们对未来发展的规划。比如资管、信托行业，虽然我没做过，但是我有朋友在做，所以了解一些。他们的工作强度会比投行稍低一些，但收入还不错。不过投行的乐趣在于，项目过程中有机会接触各行各业的高层次人才，他们或拥有财富，或技术娴熟，或学识渊博，每个人都有自己擅长的领域。与他们沟通的过程也是拓宽视野的过程，这是其他行业很难拥有的机会。如果能够进入一个不错的团队，薪酬肯定不会比其他工作差，所以即使工作强度更高，性价比仍然非常可观。当然，即使是在头部券商，也还是存在一些业绩相对较差的团队，且大券商中较弱的团队可能不如小券商中较强的团队。"

"投行虽然是一份不错的工作，但不一定适合所有人。"比如，由于工作过程中需要与各方进行交流沟通，所以如果性格较为孤僻或者不太善于交际，可能并不适合进入投行。不过，投行对社交能力的要求也不是高不可攀，待人接物面面俱到固然是好，但只要愿意进行正常的沟通交流，而不是一言不发或者畏缩不前，还是可以考虑这项职业的。

尺有所短，寸有所长。每个人擅长的领域不同，对未来的规划不同，多加尝试也未尝不可，但最重要的是，"找到一份与自身最契合的工作，然后孜孜不倦地坚持下去。"赵怀安师兄如是说。

"大家都说投行工作的强度很高，您能描述一下强度具体有多高吗？"

我们好奇地问道。

"其实很早以前投行的工作强度没有传说中那么夸张。我们团队原来号称'从来不加班',但随着证监会对IPO(特别是对财务核查)的要求越来越严格,工作强度也逐渐提高,加班也成了家常便饭。尽管如此,我们平常熬夜加班的情况也不是非常严重,除非存在特别紧急的事情。加班比较多的时间点主要有三个:一是突然要出一份报告或者有一个客户要去招投标,可能需要我们尽快了解相关行业、公司、业务等并整理出材料;二是申报之前准备材料的一两个月;三是反馈阶段中回答反馈,回答反馈是回复交易所几轮问询问题的过程,因为存在时间限制,所以应该是加班最严重的阶段,可能会连续加班三个月,甚至可能需要通宵。除此之外,平常会有一些零散的加班,周末也有可能要加班。干投行是一件很辛苦的事情,基本上不存在正常上下班的情况,我们的手机也是24小时开机,工作随时可能找上门。"说到这里,他无奈地笑了笑。

赵怀安师兄告诉我们,他们的工作具有一定的周期性,并不是一年365天始终保持高负荷运转,不过出差是无法避免的。"如果一个项目到了进场需要全面尽职调查并且准备申报的阶段,可能需要在外地工作一年多,只有周末才能回家,有些经费不够充足的小团队甚至半个月才可以回一次家。"

"您是说需要在外地工作一年多吗?"我们有些难以想象在外地工作这么长时间,所以特意确认道。

"确实是一年多。可能现在IPO的项目会更快一些,但是根据我们的经验,至少要在外地待上一年。比如,我之前做北京的项目,那时候IPO节奏还没有现在这么快,就在北京待了一年多。即使现在IPO节奏加快,从IPO项目申报到出结果也至少需要六个月,再加上前期的一些准备工作,时间基本上不会短于一年。"

在以往的采访中，我们也了解到，在IPO的整个阶段中，需要一直待在项目上的主要是入场和尽职调查阶段。而且不是所有人都需要一直待在现场，一般是新人或券商外聘的会计师和律师才需要长期驻扎在现场，而资历稍微老一些的员工并不需要。针对这一现象，我们也向赵怀安师兄进行了确认。

"资历比较老的员工确实不会全程待在每个项目的现场，但是他们手上的项目数量很多，所以还是需要经常出差的。比如，我手上只有两个项目，而我们小组的领导需要负责整个小组的项目。他不会一直在一个项目上趴着，但需要协调各个项目，每个项目进展到关键阶段或者出现重要事项的时候，他还是要在场。现在有些券商，包括头部券商，可能会外聘会计师或律师，将部分技术性的工作外包出去。一方面，这类举措确实减轻了资深员工的负担，因为他们可以将常规工作分配给外聘的会计师和律师，而不需要将所有时间都耗费在一个项目上，以便有精力把控更多的项目。但是，他们不会因为资历老而闲下来，因为各个项目相关的重要决策性工作仍然需要他们亲自到场完成。另一方面，对新人而言，这类将会计和法律相关工作外包的措施并不友好，因为这样一来，新人对业务和法律的接触机会将大大减少，对其成长极为不利。"

道阻且长，行则将至

"我们听说投行的从业人员不会一直做承做*，工作若干年之后总会考虑转型，比如说转做承揽*或者中后台，抑或进入企业，您怎样看待这个说法呢？"我们迫切希望赵怀安师兄为我们指点迷津。

> **知识小卡片**
>
> ★ 承做
>
> 平时面对的客户是发行人，负责项目的分析研究。日常工作需要对目标公司进行尽职调查*，设计方案，写材料，协调中介、企业等各个机构之间的关系，还包括申报材料的制作和做审核反馈。
>
> ★ 尽职调查
>
> 指在收购过程中收购者对目标公司的资产和负债情况、经营和财务情况、法律关系以及目标企业所面临的机会与潜在的风险进行的一系列调查。是企业收购兼并程序中最重要的环节之一，也是收购运作过程中重要的风险防范工具。
>
> ★ 承揽
>
> 投行项目承揽是投资银行中运用于业务领域的特有名词，指项目的承接。日常工作需要和客户（如企业、银行等）打交道。

"确实，承做不可能干一辈子。一方面，承做的工作特别辛苦，需要经常出差，所以工作若干年后可能会面临转型的问题。另一方面，工作达到一定阶段之后，如果拥有足够的资源和人脉，自然可以考虑多做一些其他的事情。承揽只是其中的一个选择，另外还可以去打听其他行业的一些信息，例如基金或投资等。不过我们团队现在还没有纯粹的承揽岗，即使做承揽后仍然需要负责项目。仅是承揽资源或者拉来资源就能分钱的模式是不现实的，我们公司作为国企也不会支持这种模式，所以我们还是要有自己的核心竞争力，要去负责一些项目的具体工作。除此之外，还可以转去基金、私募、企业，甚至房地产，很多大型企业都有自己的投资部门，我们已经有些同事跳到企业去做投资管理了。总而言之，未来往哪个方向发展，主要取决于自己在行业深耕几年之后，觉得哪些领域存在更大的发展机会。"

不过师兄坦言，他暂时还没考虑过转型。"我虽然比你们大，但是也才工作六年。一般从事IPO工作，真正成长起来至少需要3~5年的时间，我也是从去年才开始能够独立承做项目。在这个行业内，我仍旧处在中期阶段，至少需要6~10年才能到达一个很高的层次。"

"那么师兄如何看待做股*和做债*这两个方向，为什么刚入职的员工更倾向于做股？"我们略带疑惑地问道。

知识小卡片

★ 做股

　　即券商的股权融资业务，包括境内外资本市场主板及创业板、新三板等不同板块的首次公开发行（IPO）、再融资以及私募融资等。

★ 做债

　　即券商的债权融资业务，包括公司债、企业债*、非金融企业债务融资工具、金融债、资产支持证券等。

★ 企业债

　　是股份公司为筹措资金以发行债券的方式向社会公众募集的债。

"做债和做股是两个完全不同的领域，它们的工作性质和内容不尽相同，**做债具有短、平、快的特点，做股的周期则更长**。做债的效益在过去还好，但目前形势不太乐观。因为最近两年监管部查得比较严，项目数量不算特别多。而且项目周期偏短，收费不高，所以很难挣钱。我们团队原来还会做一些债，现在由于收益太低也基本上不做了。**做股则比较有发展空间，一是因为权益类的产品会与二级市场产生联动，二是股权业务有更多机会与企业的领导层进行沟通交流，对行业的研究也会更加深入**，所以我们会优先选择做股。"

"薪酬方面，前两年做债和做股应该差不多，但后面会慢慢拉开差距。现在我们公司做债的业务，收取的通道费也不太高。因为做债缺少核心竞争力，只要把项目拿下来就能挣钱，而做股需要具有足够的专业能力才能做成项目。做债一定要有资源，当然做股也是这样，但是做债属于纯粹拼资源。"

赵怀安师兄告诉我们，**现在投行强调专业化、行业化，提倡一个团队扎根一个行业**，比如他所在的团队主要做半导体和医疗。以前的情况则不同，有什么项目就做什么项目，所以团队会碰到很多行业，如互联网、医疗、大数据、人工智能，这样对未来的事业发展特别有帮助。**自从科创板设立后，专业化几乎是投行发展的必然趋势**，师兄所在的券商专业化改革的时间比较早，于是具有了先发性优势。

"注册制*改革后，很多IPO的相关信息都可以通过公开渠道获取，审核、问答的流程非常清晰，有些步骤客户可能比我们还熟悉。"赵怀安师兄自嘲道。目前各家券商及其下属团队的承做能力大同小异，所以**公司以及团队的核心竞争力在于对行业的深刻认识**。在这种发展趋势下，企业的估值可能会越发得到重视。券商以前比较关心前端审核，现在侧重信息披露*，将来可能更加看重估值。可以说，给出各利益相关方都能接受的合理估值，将会是行业未来的核心竞争力。"

投行访谈录

> **知识小卡片**
>
> ★ 注册制
>
> 是指证券发行申请人依法将与证券发行有关的一切信息和资料公开，制成法律文件，送交主管机构审查，主管机构只负责审查发行申请人提供的信息和资料是否履行了信息披露义务的一种制度。常用作与核准制区分。
>
> ★ 信息披露
>
> 主要是指公众公司以招股说明书、上市公告书以及定期报告和临时报告等形式，把公司及与公司相关的信息，向投资者和社会公众公开披露的行为。

"既然未来估值能力非常重要，那么我们作为在校生，应该如何提升搭建财务模型以及估值的能力呢？"对于这个问题，师兄也给出了一些建议。首先，认真听课是最基本的要求，老师会在课上介绍估值建模的基本流程。当然，最重要的是回归实际，在实践过程中，了解企业具体经营的情况，增进对市场情况以及行业发展的认识。不管是判断未来市场中是否存在潜在的增长空间，还是识别哪些因素可能影响行业未来的发展情况，都需要日积月累。模型是工具，但又不只是工具，我们不仅要掌握这些工具，更要学会结合实际来应用这些工具。

针对注册制给投行带来的红利期，我们也询问了赵怀安师兄的看法。"我认为近两年肯定存在红利期，但是之后就难以判断了。"他简明扼要地表达了自己的观点，"实行注册制之后，项目增多、门槛降低，券商之间的竞争压力也在增大。现在投行也不太好做，保代*的责任也比较大。市场是瞬息万变的，通过资本市场（包括IPO）的发展历史我们可以发现，政策往往具有很强的周期性，可能好转两三年之后又会后撤，甚至回到原点。所以**太远的未来不好判断，但是最近两三年应该存在一个不错的红利期**。不过随着门槛降低、机会增多，薪酬可能会逐渐下降，因为随着保代人数增加，从业人员面临的竞争将会更加激烈。"

> **知识小卡片**
>
> ★ 保代
>
> 指保荐代表人，保荐代表人是指上市后备企业和证监会之间的中介，相当于这家企业的代表，向证监会作担保推荐企业上市。

赵怀安师兄坦言，如果要进入投行，有两点尤其重要。

第一是财务功底。因为现在投行（特别是IPO）对财务的要求比较严，所以求职者应当具备扎实的财务功底。"我们主要根据CPA*判断求职者是否具备足够的财务知识，所以如果CPA的六门不能全部考完，至少要通过会计这一科目。通过司法考试和CFA（特许金融分析师）对求职也有一定帮助，但不是第一选择。"

> **知识小卡片**
>
> ★ CPA
>
> 注册会计师，是指通过注册会计师执业资格考试并取得注册会计师证书在会计师事务所执业的人员，英文全称为Certified Public Accountant，简称CPA。

第二是学历。券商投行目前对应届生学历的要求很高，本硕的专业不算特别重要，而且理工科或者复合背景还具有一定的优势。以前很多机构要求本硕都是"985院校"，确实有些严苛，但最近有所放松。虽然有些不合理，但这就是公司对应届生的硬性要求，中小型券商相对来讲可能要求不会这么严格。不过，"如果只是实习，可以咨询券商的人力部门，大型券商对实习生的要求不低，不过第一梯队的高校硕士应该没问题。"赵怀安师兄鼓励我们道。

关于实习留用，他也给出了一些建议。其中，最重要的是端正工作态度。"我不怕实习生不会，"他说，"刚接触这个行业，肯定有很多不懂的地方，这是很正常的。但是，实习生要表现出自己积极的态度，表现出自己想了解这个行业、想从事这个行业。如果实习生表现得不太积极或者普普通通，我们既不放心也不会把他留用。"

听到这里，我们立刻追问道："假如前辈给我们布置了任务，我们有问题可以随时问吗，前辈会不会有被打扰的感觉？"作为即将进入职场的学生，面对这类问题，我们难免有些不知所措。

"当然不会。"赵怀安师兄不假思索地否认道。"不问反而才是最大的问题，因为你们不可能什么都会。不问就代表你们正在闷头干，如果没有理解清楚我们的意思就闷头干，最后可能完全做的是无用功。做无用功耽误的不仅是你我的时间，还有可能影响整个项目的进度。我不怕你们来问，因为在你们问的过程中，我可能还会加深学习，这是一个互助的过程，所以也不会有被打扰的感觉。这不仅是我一个人的观点，也是我们整个团队对新人考核的共识。相反，如果表现得不够积极，很难得到我们的认可。"

此外，实习时不要太有功利心。"有一些实习生，对于我交办的工作能够认真完成，但是对于别人交办的任务，或者我让别的实习生交办给他的任务，就抛在脑后或者不能按时完成，这样不好。既然来实习，就要尽量把自己最好的一面展现给老师或领导。如果他们能看到你最优秀或最积极的一面，你留用的机会也就更大。即使最终没有被留用，只要你能给他们留下深刻的印象，以后他们有什么机会还是会第一时间想到你。比如，之前其他团队有位实习生，我借用几天之后发现他特别优秀。然而，他的本科学校不符合我们应届生的招录条件，所以非常遗憾地没能留用。但是他的工作能力是有目共睹的，如果他先去别的券商干两年，然后想往我们这边跳槽，我们会非常乐意接受他。"赵怀安师兄还提醒我们，与老师相处也是相同的道理。"对于老师交办的任务也要积极主动地完成。如果完成得好，老师会对你印象深刻，以后有好机会自然会第一时间想到你。"

至于学习能力，"其实大家都是通过层层筛选才能进来实习，尤其是简历筛选之后，基本上只剩下重点院校的学生，我们默认大家都具备足够的学习能力，所以这不是我选人的标准。"

最后，师兄向希望进入投行工作的朋友提出了一些建议。

一是要注重细节。细节非常重要，恶魔往往就藏身在细节中，细节做不好，工作也很难做好。"比如，PPT大家都会做，可能有些人认为现在学做PPT没什么用，但在我们的工作中其实很有用。现在实习生做PPT的水平还远远不能满足我们工作的需要，所以真的需要进行学习。"

二是要在日常生活中提升自己。比如，用心挖掘老师布置的作业或领导分配的工作中的亮点，发现那些可能会对自我发展产生潜在帮助的地方，并且尽力完成它们。现在投行对于细节的要求非常严格，对外的文件只要出现一个错别字，有关人员就会被通报批评并且罚钱。而这些都是需要我们在平时的学习和工作中养成良好的习惯。

"总而言之，不要过于功利，凡是交办给你的工作，都要认真完成。

也许在未来的某一天，你恰巧就会在工作当中用到。所以如果我们现在就把交办给你的每一项工作都做好、做完善、做完美，精益求精，对大家以后的发展大有裨益。"

总　结

　　做债和做股是两个完全不同的领域，它们的工作性质和内容不尽相同，做债具有短、平、快的特点，做股的周期则更长。相比较而言，做股具有更广阔的发展空间，一是因为权益类的产品会与二级市场产生联动，二是股权业务有更多机会与企业的领导层进行沟通交流，对行业的研究也会更加深入。

　　现在投行强调专业化、行业化，提倡一个团队扎根一个行业，例如互联网、医疗、大数据、人工智能。自从科创板设立后，专业化几乎是投行发展的必然趋势。

　　注册制改革后，很多IPO的相关信息都可以通过公开渠道获取，投行不再拥有相关信息的"垄断能力"。各家券商及其下属团队的承做能力大同小异，所以公司以及团队的核心竞争力在于对行业的深刻认识。券商以前比较关心前端审核，现在侧重信息披露，将来可能更加看重估值。可以说，给出各利益相关方都能接受的合理估值，将会是行业未来的核心竞争力。

　　实行注册制之后，项目增多、门槛降低，券商之间的竞争压力也在增大。此外，政策往往具有很强的周期性，所以太远的未来不好判断，但是最近两三年应该存在一个不错的红利期。不过随着门槛降低、机会增多，薪酬可能会逐渐下降，且随着保代人数增加，从业人员面临的竞争将会更加激烈。

第一部分 在投行工作,是一种什么体验

快速问答

Q:投行的工作节奏如此之快,请问您是如何平衡工作和生活的呢?

A:准确来说,工作和生活不是我们来平衡,而是由我们的另一半帮忙平衡。如果能够得到伴侣的支持,根本不会出现这类问题。我特别感谢爱人对我工作的支持,当然我也会尽量抽出时间陪伴家人。此外,我们的领导人也不错,比如我爱人怀孕期间,他就安排我做离家较近的项目,而不是去出差。

Q:听您所述,投行的工作是比较辛苦的,您认为什么样的女生适合做投行呢?

A:因为投行这份工作非常辛苦,加班、熬夜、出差是家常便饭,女生如果长期保持这种工作状态,身体可能会吃不消,所以很难长期坚持下去。有些女生特别有事业心,可以尝试去投行。又或者家里有资源,能够承揽一些项目,也可以去投行。我们团队也有女生,现在的女生都特别优秀。

Q:我们听说目前券商实习中还存在"小黑工"的现象,他们既没有工资,也不走人力系统。请问券商投行对实习生实际采取的是何种政策呢?

A:"小黑工"确实是行业内存在的一种现象。因为每家券商对实

习生的数量都进行了限制，也就是我们所称的"编制"，如果编制名额已满，就只能招"小黑工"。比如，某大型券商正式实习生的名额就特别少，他们的大部分实习生都是"小黑工"。产生这种现象的根源，一方面在于随着投行项目的增多，劳动力的需求也随之增加，但是公司的政策却没有及时放开。另一方面也反映了投行用工处于买方市场，为了经验、经历，争取参与机会的人很多。所以也是人力资源供给不平衡问题。

本文编者：许程智

本文校对：张含蕾

做股业务介绍及从业指南

> **嘉宾经历**
> - 本期嘉宾研究生毕业于国内某顶尖院校，理工科转型进入金融行业，目前就职于某券商投行部，专注于股权业务。
> - 在备战投行的转型期，嘉宾对考证和实习的精力分配做出了系统性规划，并对如何找到和利用好"第一份"实习提出了中肯建议。

思源师兄在工作三四年后，毅然回归校园。他于2018年开始攻读硕士，目前研三，毕业论文即将开题。2020年上半年，思源师兄曾在某头部券商实习，完整地跟完了一个项目；下半年，他又来到另外一家券商实习，经手另外两个项目。在这几段实习经历中，我们发现思源师兄的目标选择十分坚定——投行做股，他表示这是因为他想做一些有意义的事，"我觉得在金融业，做股相对来说更有实际意义。做股是把一个优秀的企业送上市，在这个过程中，你会帮企业解决很多问题，会与其一起成长、一起进步，能为社会创造效益；或者是团队通过努力，帮助企业打造成符合要求的上市公司，将其推到资本市场。这个过程为资本市场带来了新的资产，创造了增量的价值。"

跳出"死循环"

思源师兄怀揣着在金融业做出一些有意义的事情的初心,来到了投行。在入行时,他与许多"新手"一样,面临着因为没有实习经历而找不到实习,因为找不到实习而没有实习经历,这一"死循环"。那么,思源师兄又是如何跳出这个循环的呢?

"确实这是一个让人很头疼的问题。对于很多人来说,第一份实习可以找一找以往的师兄师姐,找一找导师帮忙推荐。只要有了第一份实习后,后面再找就比较容易了。"

"那您是什么时候开始第一份实习的呢?"我们想听听思源师兄当年的做法,便继续提问道。

"我的第一份实习比较晚,是在研二下学期开始的。我的大部分同学在研一结束的那个夏天就开始实习了,而我因为在备考注册会计师(简称注会)和司法考试,所以一直没有去实习。相对来说,实习经历比别人少了半年。"

思源师兄对实习与考证的选择,是几乎每个在校学生都会有的纠结与矛盾。对此,思源师兄详细地描述了他当年的备考经历,并且给出了他的建议。"我当时不仅在学习注会的六门课,同时在准备司考,这种情况下是没有精力去实习的。现在回想,我的策略是有问题的。也许当时可以找一份实习,同时选一个证来考,这样两边都能兼顾。

"在投行求职时,实习和考证都会有要求,没法说哪方面更重要,能兼顾肯定是最好的。一方面,如果求职者的学历背景比较弱,可以多考一些证，这样在过简历关时会有一定帮助。另一方面，公司在选人用人时，会考察求职者的实习经历，这是因为公司希望新员工最好一入职就具备一定的工作能力。"

可以看到，是否拥有相应的实习经历，在投行求职时的地位颇重，是需要重点考察的。"招聘者主要围绕之前的工作内容来提问，以考察应聘者是否真的掌握了简历上所写的工作，是否在上一段实习中认真工作，是否具备相应的技能。其实，总结而言，核心还是看如果录用，该求职者能不能高效地完成各项工作。"

"那么对于没有工作经历的第一份实习，面试又该如何准备呢？"我们问道。

"这个情况就比较简单，公司主要看在校生的学历背景、技能证书，考察思维能力、工作态度这些业务之外的素质。这也是我建议大家跳出'死循环'时，找导师或师兄师姐等更了解自己的人进行推荐的原因。"

面临"死循环"这一困扰的同学们，往往还有一个共同点——在实习前，对业务流程并不熟悉，思源师兄在实习前也是如此。而理工科的同学此时便有了一些优势："理工科转金融是十分有优势的，比如行研*岗位，每年都会招大量理工科背景的学生。投行也有这种趋势，比如做股，招股说明书可以分为财务、业务、法律三部分，其中最重要的一部分是业务。在从事业务部分工作时，如果对目标公司所处行业没有一定的了解，写起来就会困难重重。而如果有理工科背景，在写相应行业的公司业务时，就会得心应手。"

投行访谈录

> **知识小卡片**
> ★ 行研
>
> 　　行研可以分为总量研究、行业研究。总量研究包括宏观研究、策略研究等。行业研究包括计算机业、电子业、传媒业、银行业、食品饮料业、医药生物业等。

　　随后他补充道:"我也发现现在有些券商,在投行内部设有研究岗,我猜测研究岗的设立就是为了招聘人员专门负责业务这一块,但我不能确定。像我上半年做的项目是医药行业,团队就请了公司研究部的一位医药行业研究员来帮忙梳理业务部分的相关问题,协助我们完成各项文件的撰写工作。"

　　"那您对跨专业同学求职,有何建议呢?"我们当中理工背景的同学继续追问道。

　　"跨专业的同学不用过于焦虑,现在反而存在纯金融学术背景的人难进金融业的现象,因为很多业务不是纯金融背景的人能做好的。而很多纯金融背景的人能去的岗位,比如二级市场交易岗,也会招一些具有数学、计算机等背景的人。"思源师兄看着我们担忧的表情安慰道,"所以有理工科背景的人,可能会比纯金融背景的人更有优势。因为金融学的很多理论知识在实际业务中用到的不多,反而是很多行业、业务知识更被需要。除对应的行业背景外,计算机专业的毕业生也挺受欢迎,尤其是交易、量化等岗位,具备一定的编程能力对工作的胜任很有帮助。"

　　听完思源师兄对投行岗位实习求职的分析后,我们继续请教了他是如何在金融业许多岗位之间做出选择的。

"我对金融业的各岗位都多多少少有一些了解，主要是通过朋友互相交流、网上查询等。但这些都是二手信息，要想获得一手信息，要想对一个岗位做到真正的认识，还是要去体验一下。"

实践炼真金

就像思源师兄自己所说，在实践中才能真正认识岗位，他在实习期内收获满满。"我差不多是在一个项目后三分之一阶段加入实习的，这时项目进入收尾申报阶段。工作内容上不会让实习生接触很重要的事，比如招股说明书上的东西不会让实习生去做。所以我实习时的大部分工作还是集中在基础数据的梳理和工作底稿的制作方面。工作量最大的事情是财务数据的核查，像进销存*、成本收入台账*等数据的处理，还有像截止性测试*、循环测试*等抽查凭证*的工作。"

> **知识小卡片**
>
> ★ 进销存
>
> 又被称为购销链，是指企业管理过程中采购（进）→入库（存）→销售（销）的动态管理过程。
>
> ★ 台账
>
> 台账，原指摆放在台上供人翻阅的账簿。久而久之，这个名词就固定下来，实际上就是流水账。

★ 截止性测试

　　是实质性测试中常用的一种具体审计技术，被广泛运用于货币资金、往来款项、存货、长短期投资、主营业务收入和期间费用等项目的审计。

★ 循环测试

　　是指注册会计师按照业务循环了解、检查和评价被审计单位内部控制建立及其执行情况，从而对其会计报表的合法性、公允性进行审计的一种方法。

★ 抽查凭证

　　指审计抽样，就是抽取一些重要的、金额重大的或者异常的交易或业务，检查记账凭证和原始凭证，把重要的凭证复印下来。

"您讲的这些工作需要很强的专业能力吗？会有带教老师教吗？"

"这个问题需要分情况，有时还需要一些运气。如果带你的领导有意愿教，实习上手会快很多，他能给你讲解整个工作的业务逻辑、监管的要求是怎样的，在给你布置工作前会告诉你要达到什么效果。也有可能你的领导比较忙、没时间去教，这就需要自己去学、去摸索。后者在招人时会倾向于招有相关实习经历的求职者。"

针对投行中做债和做股两类工作，我们向思源师兄请教了他的看法。"两者的工作内容相差不多。做债节奏上而言更短平快，它的募集说明书*一周就能写完。出差角度上，也需要出差，不过时间特别短，常见的是出差一周完成尽职调查，然后一周去写募集说明书，当然出差的频率会高一些，一个月两三次；不出差时，工作节奏就和行研类似，会安排很多工作。"

第一部分　在投行工作，是一种什么体验

> **知识小卡片**
> ★ 募集说明书
>
> 　　是指公司企业为了筹集资金，依据《中华人民共和国公司法》《中华人民共和国证券法》《公司债券发行试点办法》《公开发行证券的公司信息披露内容与格式准则第23号——公开发行公司债券募集说明书》及其他现行法律、法规的规定，以及中国证监会对本期债券的核准，并结合发行人的实际情况编制的债券募集说明书。

　　"做股的一大特点就是单次出差时间长，一个项目最短也要三四个月，长达一年到一年半的情况经常存在。比如，有可能遇到家在北京，项目地在上海郊区，项目要持续一年半。那这一年半都会比较难受，你要常年在上海郊区工作，偶尔周末时坐飞机回家。"

　　"为什么做股与做债的出差时间相差这么多？"我们追问道。

　　"因为做股难度更大，项目周期更长。毕竟做股需要把客户公司的财务、业务、法律等方方面面都梳理清楚，需要把公司所有事项、所有问题、所有风险都写进招股说明书，需要将监管部门要求披露的信息，也一并写入。而做债的话，只需要关注财务数据，关注发债主体还本付息的能力即可。"

　　现如今，投行工作往往被扣上了"年薪百万的帽子"，在聊及薪资问题时，思源师兄解释道："外界都认为投行薪酬会很高，会达到年薪百万。确实某些年份可能会年薪百万，但这个年薪百万不是你挣出来的，而是你攒出来的。

　　"攒出来的，是指做完一个项目，当年也许能收入百万，但这个项目是需要好几年才能做成的。比如，三年做成的项目，那么平均下来就是每年三十万。换句话说，如果三年做完一个项目收入一百万和每年收入三十万，结果是一样的。

"做债或其他金融岗位，收入的现金流会更稳定、波动更小。而做股不太稳定，就像我刚刚所说是攒出来的，做项目的两三年里只能拿基本工资，项目一完成拿到一大笔奖金。"思源师兄开玩笑地补充说，"攒出来的另一层含义，就是趴在项目上时，天天住酒店，吃住公司解决，没有机会也没有时间去消费，钱就攒出来了。"

访谈最后，思源师兄建议大家："首先是要多实习，在保证不耽误学习、考证的同时，实习多多益善，这样可以多了解些业务知识。然后尽可能多去尝试。只有多去尝试、多去实践，才能发现你的兴趣在哪里，才能真正认识一个岗位是做什么的。这样在做选择时，才能选到那个真正符合你个人特点和现实情况的选项。最后社交能力也需要培养。实习时能有前辈、朋友等帮忙推一推也会容易很多，尤其是对第一份实习而言。另外，跨专业的同学也要对自己有信心，大家相比于纯金融背景的同学在求职时可能更加具有优势。"

总　结

在面临"没有实习经历而找不到实习，因为找不到实习而没有实习经历"的死循环时，可以寻求师兄师姐或导师的推荐，只要有了第一份实习，后面再找就比较容易了。

在投行求职时，公司对实习和考证都会要求，二者能平衡兼顾是最优情况。跨专业的同学不用过于焦虑，复合背景在求职时可能更有优势。

投行的工作从大方向上可分为做债和做股，做债节奏上更为短平快，主要关注财务数据和发债主体还本付息的能力。对从业人员来说，收入现金流更为稳定、波动更小。做股难度更大、项目周期更长，一个项目长达一年到一年半的情况经常存在，需要将公司财务、业务、法律等各方面梳理清楚，公司的问题、风险都需要在招股书中披露。对从业人员来说，项目执行阶段只有基本工资，项目完成后才能获得可观的奖金。

快速问答

Q：投行和行研的工作强度会很大吗？

A：还可以接受。投行和行研的工作节奏是不一样的。投行做股需要常年出差，每天都在项目上，项目则在全国各地，有可能会在一些偏远的地方。像我上半年的项目，在上海郊区，下半年的项目在廊坊一个产业园区，非常偏远和荒凉。行研则需要大量的基础研究工作，刚入行时会写很多报告，频率大概是一周一篇，工作量很大。不过行研的好处就是出差较少，很多工作在家就能做。总的来说，行研累心，做股累身。

Q：您是怎么看待投行人士在30~40岁职业瓶颈期遇到的转型问题？

A：大部分承做从业人员都会面临这个问题。所以大部分承做人员做久了，都会转型承揽。承做只是过渡阶段，而行业天花板是由承揽工作决定的。承做的一个重要意义就在于为你积累资源，这些资源是为你转型承揽所做的积淀。

本文编者：杜鹏远

本文校对：孙守利

做债前景展望及就业准备

嘉宾经历

- 本期嘉宾本科主修计算机专业，工作三年后进入国内某顶尖院校攻读金融类硕士，目前负责债券承销。
- 嘉宾在实习时从事的是某券商新三板交易相关业务。
- 嘉宾毕业后，业务方向先后涉及投资者审核、股权发行、存续管理、债券的发行销售与交易。

考虑到投行的工作强度，为了减轻牛犇师兄的负担，我们选择在13：00来进行采访。没想到他在13：20左右才吃上午饭——一份外卖盖饭，并且告诉我们忙到这个时候才顾上吃饭是常态。牛犇师兄一边吃着饭，一边接受了我们的采访。牛犇师兄本科是计算机专业的，做了三年程序员之后又重返校园攻读金融类硕士，硕士毕业后进入投行工作，由股票发行转向债券承销*，这一段段"转弯"的背后，又有着怎样的舍与得、现实与梦想？

> **知识小卡片**
>
> ★ 承销
>
> 指证券发行人委托具有证券销售资格的金融机构，按照协议由金融机构向投资者募集资金并交付证券的行为和制度，是证券经营机构基本职能之一。

第一次转弯：重返校园，回炉重造

之前了解到牛犇师兄是有过三年的工作经历之后重回校园的，当我们问及重返校园的感受时，牛犇师兄回答道："再次回归校园，最大的感受就是有机会可以重新认真制订未来的规划。我上学时比较重视利用身边的资源，尤其是高校的平台，比如校友群、论坛等。因为通过这些渠道投简历，往往压力较小，成功的概率相对较高。就我而言，第一份实习是通过导师介绍到某券商，做新三板交易的相关工作。"

1.重返校园的心态成长

辞去程序员的工作之后，牛犇师兄考入某全国前三高校攻读硕士学位。因为年长于其他没有工作过的研究生，牛犇师兄很是羡慕同学们年轻的状态，"你们可以去尝试、去犯错，无论是社会还是公司领导都会更加包容，这带来了很多机会，希望同学们要把握住。"

我们十分好奇牛犇师兄是如何处理曾经的计算机相关工作与现在跨行进入金融行业的矛盾的。牛犇师兄说："看似与金融行业十分矛盾，但实则是我面试时的优势。当时我就把这段经历说出来，谈做过的项目、取得的成就，给领导们留下计算机自动化会在以后工作中帮助多多的深刻印象。以后你们面试时，也可以思考如何把自己的'劣势'转化为优势，更好地把自己展示出来。"

"我们现在恰好在读研一，老师建议我们即使到研二上学期，最好也是留在学院学习、积累，等到研二下学期再去实习。但这样的话，实习时间只有半年，会不会比较紧张？而且自己也没有办法去试错，或者说去尝试其他方向。关于这个问题，牛犇师兄有什么建议吗？"我们问道。

"学生阶段很重要的一点就是平衡学业与实习，这一点还是要听导师的。一方面，实习对金融行业很重要。在实习过程中，可以以实习生的身份来认识公司和岗位，而后再来认识行业。同时，大家对实习生会比较包容。实习时可以观察，可以总结，看自己到底适合哪个方面，是一个寻找自我、发现自我的过程。另一方面，专业课加上导师组的任务也是很充实和锻炼能力的，所以同学们一定要先把专业做好，分清主次。"

2.学业进阶的实力成长

说到研一，牛犇师兄陷入了回忆……他用自己考CPA时的经历举了个反例。"因为安排不当，我一次性报了四门考试，导致我最后各科成绩都处于临界点，很尴尬。"

同时，牛犇师兄建议我们为了就业做准备时要有计划性。"在投行工作必备的条件，首先是CPA，其中的财务知识如会计、财管、审计等，就算不考证，也一定要去了解，这是需要具备的。其次保代的性价比并不是很高，想要通过考试比较困难，且考下来之后收益有限。最后与法律相关的司法考试也可以去了解一下。"

3.实习阶段的主动成长

"听说您当年作为一名实习生时，是在公司比较忙的时候加入的，虽然工作琐碎，却保持着一贯踏实的做事风格，备受领导们的好评。我们马上也要去实习了，很想知道您是如何迅速适应实习生活的？"

"概括而言，就是保持'新人的姿态'。这是指实习生要将分内的工作做好，千万不要觉得做这件事情没有用，因为做过的每一件事情别人都会看在眼里、记在心里，之后可以发挥自身主动性，去学习，去成长。"

如今作为一名投行"大佬"，牛犇师兄的角色变成了实习生招聘者，谈及他的招聘标准，牛犇师兄表示，"无他，就是要具备主观能动性。因为我目前岗位上的事情又多又杂，整个人的精力都被占用着，无论一个人的记忆力有多好，都会有'漏网之鱼'。这时就希望有人可以帮帮忙，仅仅是提醒一下，感受都会好很多，这就是主观能动性的体现之一。再者就是除了交代的实习任务之外，需要实习生积极主动地观察并捕捉工作当中的成长点，如果有哪些是现在可以接触到的，可以大胆地去请教，别人会愿意传授的。"

第二个转弯：再入职场，变身金融"大佬"

牛犇师兄毕业时，正值金融市场繁荣之际，投行是大家口耳相传能"赚大钱"的地方。在此背景之下，牛犇师兄投身金融行业是顺势而为的"最优解"。既搭上市场行情的"顺风车"，更考虑到投行对人才的极度需求。综合考量之下，牛犇师兄毕业之后就选择进入投行工作。

1.职业定位的规划之法

投行只是一个泛泛的职业选择，细致到具体的工作又有着不同的侧重。怀揣着满满的工作热情，带着在硕士期间积累的专业知识，牛犇师兄开启了漫漫求职路。

"刚入职的五年里，我完成了从实习生到投行人的蜕变。这个过程中，我在两家公司中进行了三次跳槽；工作内容也十分丰富，有投资者审核[*]、股权发行、存续期管理*、债券发行*等；也经历了行业波动与公司的被接管状态。"

> **知识小卡片**
>
> ★ 投资者审核
>
> 审核其是否为符合资格进行私募基金*投资的机构或个人。
>
> ★ 私募基金
>
> 指以非公开方式向特定投资者募集资金并以特定目标为投资对象的证券投资基金。私募基金是以大众传播以外的手段招募，发起人集合非公众性多元主体的资金设立投资基金，进行证券投资。
>
> ★ 存续期管理
>
> 按照基金合同的约定，负责基金资产的投资运作，在有效控制风险的基础上为基金投资者争取最大的投资收益。
>
> ★ 债券发行
>
> 债券发行（Bond Issuance）是发行人以借贷资金为目的，依照法律规定的程序向投资人要约发行代表一定债权和兑付条件的债券的法律行为，债券发行是证券发行的重要形式之一。

牛犇师兄笑着用寥寥几语就讲完了他这五年的经历，但是可以想象其中的纠结与艰辛。我们问牛犇师兄如果可以再选一次，是否还会选择这条困难重重的路。他表示："现在的我，是主观因素加上客观环境两方面之下，一步一步成长而成的，再来一次还是会如此成长。"

"那这一路走来，您有什么遗憾之处吗？"我们问道。

"如果能重来，我还会做出同样的选择。不过我的这些经历中也确实有一些遗憾，想分享出来，避免你们重蹈覆辙。一是在入行时没有特别清晰的规划。这个行业是一个好行业，如果在这个行业能准确定位，找到合适的岗位和自身优势，就可以在其中获得很快的成长。比如，如果你的人际交往能力特别强，谈判能力特别强，善于捕捉和发现，就可以在这个行业中快速成长并有所收获。不过我也还没有到收获的阶段，仍在成长的过程中，需要调整心态继续努力。二是项目的落地与否要看'天时地利人和'。正如我前两年，走遍了在北京的所有客户，想把分销*做起来，但是当时的效果并不理想。所以，除了个人的努力，项目的成功还需要一些机遇与运气。进入这行后，如果可以更早地明白这个道理，就可以更快地调整心态，收获成长。"

知识小卡片

★ 分销

债券分销是指在债券发行期内，银行与其他市场参与者按一定条件转让债券所有权的行为。债券分销可分为分销买入和分销卖出。分销价格经双方询价后商定。

2.工作强度的平衡之道

与职业定位一样受关注的就是工作强度了。关于这个问题，牛犇师兄有其独特的见解。

"直观上承做要比承销强度轻一些，就我这几年工作下来的感受来看，具体还是因人而异。这要看每个人是如何定义工作强度的。如果觉得写材料比较累，那么你就会觉得承做的工作强度大一些；如果不善于与人交际，你就会觉得承销的工作强度更大。

"再者要看如何定义工作。要想做好一名承销人员，像部门经理、部门老总这种，其实就已经分不清工作和生活了。

"最后横向来看，做债与做股的工作强度都蛮大的。牛犇师兄指出，现在债券的承销工作强度来自市场的状态，由于现在不是处于牛市，债券跌得很厉害，而且监管严格，再加上市场上的机构除了券商还有其他中介机构，都在做这项业务，这三者导致现在债券承销的竞争环境比较恶劣，市场非常饱和。但是尽管现在市场上有不少相关的负面新闻，行业里依旧有许多人在踏踏实实地做事，在付出比常人更多的努力。"

3.薪酬收入的神秘面纱

"刚刚我们聊到您最初是被投行的'高大上''多金'等标签吸引来的，现如今投行这个看起来'多金'的工作，是否真的如您当初所想呢？"

"这个需要分实习与入职后两个阶段来谈。实习阶段是没有明确的薪酬的，这个因部门而异。至于入职后的薪酬，因为我是从事承做这方面工作的，就以此为例吧，现在的工资是税前在八千到一万元，是一个挺大的范围。我刚入职时的薪酬是九千元，也不算高，就是一个常规水平。这些只是月薪，最后的年终奖会根据团队、部门、公司的业绩来发。"

我们注意到年终奖在薪酬中占比不小，牛犇师兄却很尴尬地表示道："由于之前跳槽了两次，两次的年终奖都没有拿到。不过第一年有年终奖时，我达到了基本工资与年终奖一比一的平衡。"

"那薪酬在不同的公司间，差距如何呢？"

"是会有些差距，比如头部券商的薪酬工资可能会高一些。不过平均下来也就这样，不会高出太多，因为毕竟是作为新人刚刚入职，还处于学习成长、不能独当一面的阶段，无法对某个事情负责。这些需要几年时间，慢慢成长积累，才能做到，在此期间不要对薪资有太高的期望。"

第三个转弯：弯道超车，越过危机

于投行是吃青春饭，到三四十岁之后就会迎来职业危机，加班时的精力也跟不上了，这是一个虽然尖锐但又不得不思考的问题。

牛犇师兄一边吃着外卖，一边开始阐述他对"危机"的理解。"为什么称之为'危机'呢，是因为我们还没准备好它就来了。对此，首先是我们的心态尽量保持平和与年轻；其次在工作中还是要保持投入，该有的热情、该有的认真、该有的专注等都需要保持。"

"那您认为应该如何应对呢？"

"重要的是，能不能把握住那些能让自己的未来有更好发展的机会。比如，认识更多的投资者，扩展与更多的机构进行交流。也可以从公司的成长角度来分析，公司里面有没有其他的机会。比如，能不能跳到管理层。总而言之，也就是两个方面，一方面是针对业务层面的拓展，另一方面是有机会在管理层锻炼。不过十全十美的办法是没有的，因为职业危机也不光是我自己面临，我周围的同事、之前的同学，很多人都陷入这种焦虑当中。这种情景下，保持平和的心态就格外重要，别太偏激，机会总是青睐有准备的人。反之，如果心态太偏激，一直抱怨，那么不管是在工作中，还是在生活中待人接物，都是会有很大负面影响的。"

牛犇师兄用他的一位前辈给他的忠告来鼓励大家："我的这位前辈技术、能力、经验、人品等都很优秀，他说'赚到人生第一桶金之前，心态要保持好，因为赚到第一桶金之后，心态会更加平和。'所以，在赚到第一桶金之前一定要保持好的心态，具体而言，就是要坚持不懈地努力，并且等待和寻找机会。"

采访的最后，我们与牛犇师兄交流了对金融业未来发展的看法："您入行多年之后，是否还像刚入行时一样热爱金融行业呢？"

牛犇师兄立刻回答道："金融是个好的行业，现在进入是很好的时机。金融业与现在大热的计算机相比都不算差，甚至在环境等方面是更优的。如果选择进入，那么一定要踏踏实实，然后找准方向，保持初心。因为成长过程中可能会有许多坎坷与波折，甚至有许多诱惑，但一定不要做违背自己内心的事情。大家在这个行业的成长有快有慢，希望各位同学都能在这个行业当中收获自己想要的东西，最终都能有所成长，成长到与自己的能力相匹配的位置。"

总　结

目前债券的承销工作强度来自市场的状态，由于市场不处于牛市，再加上严格的监管，以及市场上较多的机构参与者，导致现在债券承销的竞争环境比较恶劣，市场非常饱和。

做股与做债，没有绝对的优劣之分。最近几年由于IPO注册制的推行，以及再融资办法的调整，所以现在股权项目需要大量的人才，做股行情会好一些。但是之前股灾后的两年，IPO项目停滞，债券项目则更好做一些。

对于投行工作有利的资质证书：首先是CPA，其次是保代，最后是司法考试证书。

在投行实习时，首先要有一个谦虚的态度，不畏难，不嫌烦。之后，积极主动去学习，大胆虚心去请教，这才是一名优秀的实习生。

第一部分 在投行工作，是一种什么体验

不管从事什么行业，一定要明确自己的定位，规划好未来的方向。之后就是保持激情地完成自己的工作，对于不可控的因素，则要用平常心来应对，不忘初心，方得始终。

> **快速问答**
>
> Q：做股和做债哪个前景比较好？
>
> A：这个事情不好说，我认为要看总体的形势。最近几年股权项目更好做，因为最近IPO注册制推行，再融资的办法也调整了，所以现在股权项目需要大量的人才。股灾后的两年，债券项目比较好做，因为那时候IPO项目是停滞的，没有申报和新发。
>
> 其实我觉得对于个人能力的成长来说，股权项目优于债券项目。在股权项目做了三四个之后，你会在这个行业里收获一定的积累。如果你有IPO成功申报通过的经历，再跳到行业之间或行业之外，如管理咨询行业、私募基金行业等，甚至到一些研究的岗位也都是有可能的。
>
> 对于债券项目，随着你做承做时接触的发行人多了，大家的认可度不断提高，就可以往承揽这个方向发展。然后当你与当地的银行熟悉后可以转承销，最终甚至三个方面都能覆盖。这是做债券大概的职业发展路径。做债券转做高管的情况会稍微少一些，但做股权项目，未来到企业做高管或财务总监一类的职务是完全有可能的。

本文编者：杜鹏远

本文校对：罗一飞

一、二级市场工作比较与职业选择

嘉宾经历

- 本期嘉宾本科就读于物流管理专业,研究生跨专业考到北京某顶尖院校就读金融科技硕士专业。
- 嘉宾本科毕业后曾自主创业,随后对金融行业产生了浓厚的兴趣,遂选择重回校园继续攻读学业,毕业后考取选调生。
- 嘉宾实习经历丰富,一级市场与二级市场的买方与卖方领域均有所涉及。

某日,我们与离妄师兄相约在线上访谈。离妄师兄的经历比较丰富,本科毕业后开始创业,之后再度进入校园想要转型金融,相继尝试了二级市场和一级市场实习之后,最终选择做一名选调生[*]。在轻松愉快的氛围中,离妄师兄为我们娓娓道来他的投行实习经历。

> 知识小卡片
>
> ★ 选调生
>
> 　　选调生是各省党委组织部门有计划地从高等院校选调品学兼优的应届大学本科及其以上毕业生到基层工作，作为党政领导干部后备人选和县级以上党政机关高素质的工作人员人选进行重点培养的群体的简称。

从二级市场到一级市场的转身

　　和其他师兄的经历不尽相同，离妄师兄在物流管理专业本科毕业之后，和朋友在南方从事贸易方面的创业工作。在创业的过程中，师兄对金融行业产生了浓厚的兴趣，萌生了转型做金融的想法，于是他重新回到校园攻读硕士研究生。

　　离妄师兄在研究生期间，刚开始选择的方向是二级市场研究。"我第一段实习经历是在二级市场做买方*，在买方实习了大半年后，又在卖方实习了大半年，这两份都是二级市场研究员的实习工作。第一份实习因为那家公司当年不招人，就没能留下；第二份实习是有机会留用的，但是到最后决定去留的时候，我选择了放弃。"

> 知识小卡片
>
> ★ 买方
>
> 　　在金融领域，投资方一般是买方，比如基金、投资银行、私募等从资本市场上购买产品、服务或进行投资。

第二年，师兄开始选择在一级市场做些尝试。"我在投行大概实习了4个多月，时间不算长，可能某些观点比较片面，大家仅作参考就可以了。大多数人进入投行实习一般选择做股或做债，我选择了做股，在南方某一线券商投行部某行业组。"

"那么，师兄当时具体的实习内容有什么呢？"我们问道。

"在组内我负责的是该行业新项目的前期研究、前期准备，当时我参与比较多的是对潜在项目和相关行业情况的摸底，还对潜在项目的一些基本信息进行收集和调查、进行公司IPO方案的设计、解决中途出现的问题，比如公司的股权架构、公司股东是否存在违法问题，是否存在关联交易，以及一系列相关的规范问题，帮他们做一些规范和前期的摸底，不过因为疫情的原因，没有进行太多的现场调研。

"所以说我在投行的实习经验，可能更多地偏向于案头工作。大家之后如果去投行实习的话，还是尽量选择多偏向于实地的工作。因为在前期摸排之后，我们的项目组组长可能会去承揽项目，所以会先把项目放到组里面去摸排，看看这个项目怎么样，对质量进行把控，对一些比较大的问题进行排雷，觉得这个项目没有问题后再深入地跟进，也就是说，进入现场去帮他们做法务和财务的规范。

"我的实习过程基本都是做前期的摸排工作。其实这个工作对我来说难度不大，因为我之前做了一年多的二级研究，虽然做的不是与该项目组相同的行业，但是也养成了比较系统的研究思路，在看公司和行业的时候，可能相对来说更容易上手。"

为了便于我们理解投行的前期摸排工作，离妄师兄给我们举了一个例子说明："大家去实习以后肯定会遇到这样一个简单的任务，你的领导让你看一下A公司的基本情况，可能会涉及10个点，但又不会全部明确告诉你，这个时候需要你自己做一些发挥，尽量全面地挖掘这家公司的基本情况。

"因为我们研究的都是一些非上市公司，所以很多数据收集起来不是特别容易，比如一些比较系统的财务信息，在这个阶段我们应当主要关注的是它的产品和服务。如果这家公司在行业里有一定地位，很多上市公司在做对比的时候可能会提到它，这就需要大家通过多个渠道了解这家公司基本的运营和产品情况。财务情况也是一个重点，但是因为未上市公司的很多核心财务数据是不会披露的，所以在财务这个点上会比较吃力一点。

"除此之外，我们在做投行工作的时候，还应该去关注一些法务和政策层面的情况。我接触较多的是针对公司所处行业的或者公司开展具体业务的法律规范，以及政策支持与否的情况。因为不同省市针对公司的业务有不同的政策支持，国家有时候会提出一个大的方向，在大方向的基础上不同的地区会结合当地情况出台相应政策。

"有时候需要我们去找政策的出处和原文，投行对数据的出处要求非常准确，这不是说二级市场对出处的要求不准确，而是说因为投行不需要我们输出观点，所以这时候就需要我们很严谨地去找这个业务在A省的某个城市采取怎样的支持政策。此外，我们还要搜寻这个城市有没有做过相关的案例，如果做过，那么当时是怎么做的；政府或地方在审核的时候，关注的重点是什么。这些工作比较琐碎，也是摸排一家公司基本情况的延伸。整体来看，前期摸排工作的关注点在于它的业务是什么、发展情况怎么样，包括产品、销售渠道等。

"财务方面主要是看它的营收、毛利、净利表现以及这些数据产生的过程，在这个基础上才会做我上述描述的这些政策因素，因为有时候领导可能会告诉你这家公司具体是哪家，也可能不告诉你，而且投行的工作很多时候都是并行的，可能你的老板手里同时有三个或更多的项目，他会直接让你根据某一个点去查有没有相关的案例。"

关于相关案例的重要性，离妄师兄提到："做IPO其实目的很单纯，就是要通过证监会的审核。虽然现在已经逐步放开注册制了，但是审核依然存在，所以大家都希望去找已经被监管机构所接受的通用做法，以降低未过会的风险。"

一级市场和二级市场之别

由于离妄师兄的实习经历比较丰富，我们提出了这样一个问题："在师兄看来，一级市场和二级市场有什么区别呢？也希望您在职业生涯选择的方面可以给我们提供一些建议和指导。"

离妄师兄笑道："职业选择是很重要的，大家在选择职业之前首先要对自己有一定的了解。我其实也走过弯路，在最开始进行选择的时候，也纠结过是选择投行业务还是选择二级市场研究，当时我对自己的优点和缺点把握得不是特别精准。

"其实我们每个人都有自己的长处，能够让自己的长处得到最大发挥的平台才是最合适的选择。"离妄师兄提出了自己的观点。

"我在择业之初咨询了很多业界人士，他们普遍认为做二级市场研究可能天花板更高，职业发展路径也更加长远。一般情况下，做二级市场研究，大家会先从二级卖方研究开始，在成长三五年并拥有一定的市场资历，且自己的研究能力得到市场的认可后，可能会跳槽到买方，在买方平台以新的视角继续研究并锻炼投资能力。

"在买方掌握一定的投资能力之后，有的人可能会选择去私募、公募或资管等方向。选择私募的话，个人的能力可以得到很大的发挥，如果真正有一天能够做到掌控资金去做具体项目投资，是很能够体现个人价值的。而且比较世俗地说，也很可能实现财务自由。"

介绍了二级市场的大致路径之后，离妄师兄为我们介绍了从事二级市场工作需要面对的挑战。"二级市场研究分为买方和卖方，为什么第一步很多人要去二级卖方研究而不是买方？这是因为第一步如果选择买方研究，一般会承受很大的业绩压力，工作的直接目标是投资收益率，你的观点会对公司的投资决定产生直接的影响，所以说你是有业绩压力的。"

"在卖方工作就是为买方服务，买方看的是卖方的逻辑而不是看卖方的观点，买方需要借助卖方的思维和逻辑去修正自己的观点。 在卖方进行这样的锻炼，让我们在职业生涯初期的业绩压力不会特别大。刚开始从事卖方工作时，可能我们自身的行业逻辑还未完整成型，对于同时管理十几只股票的情况会比较吃力，但只要我们尽力熟悉行业逻辑，接下来的工作就不成问题了。虽然工作强度很大，但是不太会出现在买方工作出错几次之后职业生涯难以为继的情况。

"二级市场无论是买方还是卖方，圈子都很小，每个人在市场上的发声都会被大家关注到，在提出几次观点之后，你的能力是否被认可也就明晰了。我之前也咨询过一些资历丰富的前辈，他们都认为刚开始在卖方锻炼几年的话，以后的工作会更扎实，这就是我对二级市场的理解。"

师兄在讲述完二级市场的情况之后，喝了口水，为我们继续讲解一级市场的发展路径和挑战。

"对于一级市场，做债的特点是短平快，做股相对来讲项目周期长且频率没那么高。虽然往往做三个项目可能一个也成功不了，但是一旦有一个项目成功上市，尤其是进入一些比较大的平台，收入还是比较可观的。做投行就是要不断升级，刚开始是分析师（Analyst），然后慢慢晋升。据我了解，董事（Director）和董事总经理（Managing Director）基本上是我们小白进去之后比较难跨越的一个坎儿，到了这个级别之后就很难再往上晋升，因为这个级别就是团队负责人了，要负责项目的承揽和承做。最近两三年都是IPO的大年，存在很多机会，接下来的几年，我认为这个市场也还是可以的。

"做股的话，工作主要就是集中在最核心的一个产品——招股说明书上。其实在写招股说明书的过程中还是比较艰难的，因为投行作为乙方很难占据强势地位，那就意味着我们需要围绕客户的意愿来修改文稿，很多时候不得不去做一些委曲求全的选择。

"我们首先要明白一个定位，投行工作是一直做乙方，而刚才我们说的二级研究这条路，我们在甲方和乙方的角色间不断转换。如果选择投行这个方向就会一直做项目，完成一个项目拿分成，区别就是做股的天花板会比做债的天花板更高，这不代表做债收入一定低，也要看团队，如果团队能持续拿到比较好的项目，并且项目规模大的话收入也是很可观的。

"总体来说，做股相对能赚得更多一些。平台很重要，尽量选择一个大的平台。如果说大家想要兼顾工作和家庭，从客观来讲，这三条路都比较难，但相对来说做二级市场研究还是比较能兼顾生活一些，因为做股和做债出差的频率都比做研究要高。

"从出差频率角度考虑，做债会更高，因为债的特点是短平快。做股的话，项目周期长，可能会在一个项目上待很久。如果大家还没有成家，其实拼几年也挺好的，如果已经成家或者有了确定的对象，我建议双方要考虑好能否共同承受和接受这样的生活方式和节奏。

"从工作能力角度考虑，我认为一级市场最需要的一种特质就是细心、严谨，我们需要做到按规则办事，监管方要求你怎么做就怎么做。项目进行时，首先要看看前人有没有走过这条路，尽量照着已有的经验走，如果没有人做过，我们就从多方寻找相关资料，尽可能把这个工作安到之前的框框里。另外，工作效率也非常重要，因为投行的工作量还是比较大的。

"对于二级市场的工作而言，我觉得做研究就需要有激情，需要有一些创造力。网上有一句很流行的话是'你可以随便说，只要你不尴尬，尴尬的就是别人'。虽然这只是一句玩笑话，但它说明了一个很重要的观点，就是要坚信自己的逻辑和观点。

"在这个方面其实是我不擅长的，所以当我有机会留在二级市场工作的时候，还是做出了放弃的选择。我个人是比较喜欢把事情的方方面面都敲定后给对方一个客观上确定性比较高的观点，但这在二级市场上是不存在的。市场是瞬息万变的，产业的发展也是瞬息万变的，更不要谈会出现很多意外的事件。

"大家在选择未来的工作方向时，首先要分析自己的特点和优势，然后再去对应工作所具备的特点，最终选择一条适合自己的路。其实每条路都有它自己的发展方式，虽然说二级市场的天花板会更高，但这并不意味着做股和做债就不行，其实在这几类岗位上，个人都能够获得成长，只不过看个人的价值取向而已。"

终有所得，继续出发

经过这几段实习经历后，离妄师兄谈及了自身的收获。"通过工作的磨炼，我们可以更加清楚地了解自己，并且帮助我们更好地生活。具体来讲，二级市场的研究经历让我的思考更加具有严谨性和逻辑性，分析问题的时候也更有框架性。这段实习经历对我提高自己的表达能力、做事的分析能力还是很明显的。

"在投行的实习经历中，我变得更加注重细节。我能够通过投行工作培养出来的特质去反思自己，反思自己在生活中是否有哪些事情做得不够严谨，或者哪些情况下不够认真，或者哪种做事方式让对方不舒服等。通过这两份实习工作，我更能学会跟自己互动，这是无形的收获。

"至于有形的收获，我了解了更多的公司，通过研究分析这些信息使我自己的投资能力得到了提升，那么未来我们自己或者家人有投资需求的时候，就能够顺应市场方向去做出投资决策。此外，在现在的工作中，我对信息的收集处理能力也得到了质的飞跃。

"如果我们留心去观察的话，其实每一天都能够从跟自己交往的人身上学习到一些优点。但我觉得最重要的是两点，一点是认清自己、改变自己；另一点是认识到同一份工作对每个人而言的收获是不一样的，有的人把投行工作当作一个创造财富的工具，并且尽可能地去燃烧自己已经具备的东西，有的人会把这份工作当作事业去做，他们会特别踏实。随着自己不断地进步和提升，我们的心态也会变得越来越好。"

总　结

对于一级投行与二级行研的职业选择问题，我们要明白一个定位，投行工作是一直做乙方，而二级研究这条路，我们在甲方和乙方的角色间不断转换。卖方的工作就是为买方服务，买方看的是卖方的逻辑而不是观点，买方需要借助卖方的思维和逻辑修正自己的观点。

快速问答

Q：去投行实习时需要我们提前掌握哪些必备技能？

A：第一是信息的搜索能力。实习时要积极地跟自己的上级或同行咨询，一般某种类型的信息要去哪里寻找，要积累和把握信息搜索渠道。此外，对于数据的出处和时间一定要做好留底。

第二是信息的处理能力。这个处理能力包含的范围比较广，所需要运用到的就是Office软件，熟练掌握办公工具可以极大地提高我们的工作效率。

Q：在面试投行工作时我们要注意哪些细节问题？

A：第一，要展现自己的研究能力。第一层做到自己能说出观点，第二层做到说话有逻辑，第三层做到表达观点要清晰。

第二，要注意仪态细节。投行需要的是能够细心把握细节的人。首先是穿着方面，这个不需要赘述；其次在交谈的时候要展现出自己很严谨、很细心；最后面试时怎么入座、怎么离开、什么姿势落座等这些细节问题，面试官都会有考量，这是一种综合素质的体现。

Q：实习工作中，在数据和知识的积累方面有哪些诀窍？

A：数据方面，可以有针对性地进行爬虫练习，或者把自己整理过的那些数据和案例保存在自己的硬盘上，然后进行分类。

知识案例的积累方面，比如说有时候我们需要查A类型的案例，但这个过程中可能查到了B类型的,你觉得B类型挺有意思,可以做个总结和标注。这对提升工作效率还是很有效的。比如,你在做A公司的调查时,查到了B省的一些政策,这个时候是很有必要记录下来的,因为很有可能在某一个案子里你又用到了B省的政策,这时候你就不需要再查,只要从你的数据库里导出来就可以了。

Q:在投行工作如何兼顾家庭和感情?

A:这个问题我觉得最重要的是个人选择,你的另一半一定要认同并支持你的工作。无论是恋爱还是结婚,就是要在对方身上花时间,如果不在对方身上有所付出,那么这份感情能存续多久,或者说到底是不是感情,我觉得可能要打一个问号。

如果我们已经确定要维护自己的感情,那么,我们要看看自己一共有多少时间,然后看看自己要花在这份工作上多长时间,这样的时间分配对方能不能接受。投行的工作是要连轴转的,在这种状态下如何平衡生活,我觉得最重要的是要让你的另一半跟你的节奏保持一致,因为你可能连续几个月都没有时间陪伴家人,这种情况就需要伴侣的理解。

本文编者:丁　盛

本文校对:刘丹蕾

重组和再融资项目与IPO项目的比较

嘉宾经历

- 本期嘉宾本科毕业于某"双一流"大学软件工程系,在校期间辅修经济研究院的数理金融双学位,硕士毕业于北京大学。
- 嘉宾在校期间曾有多段一级市场方向的实习。
- 嘉宾毕业后从事投资银行领域,现就职于国内某知名券商投资银行部。

由于投行从业者的日常工作非常繁忙,我们在与景行沟通了几次后,最终将访谈时间确定在一个周六。彼时,景行主要从事企业IPO融资的工作,刚赶到新的项目地,在酒店稍作安顿之后,接受了我们的采访。

从重组*到IPO

"之前由于工作原因,一直没找到合适的机会和各位交流,今天趁着出差的间隙来做这个采访,也算是一种忙里偷闲吧。"景行师兄笑笑,接着进行了一个简短的自我介绍。

> **知识小卡片**
>
> ★ 重组
>
> 　　资产重组，是指企业资产的拥有者、控制者与企业外部的经济主体进行的，对企业资产的分布状态进行重新组合、调整、配置的过程，或对设在企业资产上的权利进行重新配置的过程。

　　"我本科毕业于某'双一流'大学软件工程系，在校期间辅修经济研究院的数理金融双学位，之后通过保研来到北京大学，受到老师和同学的影响，尝试转往金融领域发展，并基于个人兴趣选择了一级市场方向寻求实习机会，2015年通过了某知名券商的投行部暑期实习获得留用。"

　　在之前的几期采访中，我们了解到各位投行人士选择职业时的原因各不相同，我们也很好奇景行师兄从事投行的原因，于是问道："您当时毕业的时候，为什么会选择投行这一职业？"

　　"一方面，从兴趣角度来说，投行能够较为深入地接触到不同行业，并在项目承做的过程中有许多向优秀企业家、资深行业专家学习的机会，同时，我也更倾向于从事和人打交道的工作。另一方面，从现实的角度出发，投行的待遇相较于大多数行业是比较理想的，工作环境也有助于接触业界较为前沿的领域。"

　　在了解了景行师兄从事投行工作的原因后，我们对他进入投行后的发展比较感兴趣。景行师兄告诉我们，基于他拥有工科与金融的复合背景，所以进入的团队是当时新财富最佳投行团队之一。

　　"刚入职初期，团队主要做的是并购重组和再融资项目，**重组和再融资项目的特点是短平快**，整体审核尺度相较于IPO项目宽松一些，当时市场上重组业务的热度较高，项目量也较多，我有幸广泛参与了不同细分行业的重组项目，并承担了不同角色，自己经验与能力得到了较快提升。但是后续市场环境在逐渐变化，重组热度有所消散，与此同时，注册制改革又在稳步推进，在此背景下，我们团队顺应趋势变化开始发力挖掘和培育IPO项目。

"IPO项目相比重组项目来说，其经历的时间可能更为漫长，程序也更为烦琐。我们需要从零开始培养客户，从公司有资本运作想法的早期开始介入，协助其进行合规整改，设计后续资本运作时间规划，辅导、申报乃至完成IPO。上市后再根据企业自身的发展情况和经营规划，以再融资、重组等资本运作手段为企业的进一步发展提供助力。

"我最早接触的两个IPO项目都比较不走运，长期服务的客户在申报前夕出现了较大的业绩下滑，最终也就没能成功申报。"景行师兄继续说道，"而后因为其他一些原因，我离开了工作四年多的公司，跳槽到了另一家头部券商。"

景行师兄的工作经历使我们意识到投行业务背后的艰辛，我们追问道："您为什么选择跳槽到另一家券商的投行做IPO，而不是继续做重组项目呢？是因为现在的重组项目没那么好做吗？"

"某种程度上可以这么说，一方面**因为注册制的全面推行，现阶段质地优秀的企业更倾向于选择独立IPO的道路，愿意选择重组方式实现资本化的优质企业必然是会呈现下降趋势的**。另一方面这也是现有团队的发展方向，选择侧重从IPO开始培育客户，通过长期服务加深与客户之间的黏性和感情基础。早年的重组模式，往往使客户黏性相对较差，业务机会相对不稳定，做一单是一单，有点'游猎模式'的意思，并不容易保持长期的合作关系。

"而IPO业务机会和产出是有一个持续稳定的培育过程，可能今年申报了两三个，同时又开拓了两三个拟上市公司作为储备项目，这几个新项目可能是在明后年申报，形成一个延续性的项目承做和产出过程，进而在项目申报后可能基于双方之间的互信关系孵化出更多的再融资、重组业务机会，比较类似于'农耕模式'，这是IPO项目的特点。

"但是相对而言，完成一个IPO项目必然是一个长期的过程，比如有个潜在的优质客户打算明年申报，我今年想把这个项目拿下来，在与客户之间没有较强的关系，或者所属单位不是头部投行的情况下，难度非常大，特别是在这个企业已经有长期服务券商的情况下，我基本上是没有机会合作的。也就是说，我只能从比较早期的阶段开始接触客户，为他提供持续的长期服务，在这个过程中可能会有其他机构来竞争，但只要确保我提供的服务质量让客户满意，那么最后在签协议时，客户选择由我为其提供保荐承销服务也是比较顺理成章的。"

景行师兄喝了一口水，继续向我们讲述着IPO业务："IPO的特点决定了它的周期比较漫长，需要前期积累。对于团队的服务能力相应提出较高的要求，除了有有经验、能负责整体规划和尺度把控的负责人外，还要有2名至3名比较靠谱并且在某些领域（如财务、法律）有特长的承做人员。只有具备了这些特点之后，一个项目组才能被称为成熟的项目组。而对于重组项目，项目周期较短且对于项目审核的尺度相对宽松一些，所以对于承做人员来说，整体的工作难度明显会比IPO低，这在前几年表现得比较明显。当然重组工作也在其他领域对项目组提出要求，比如协助谈判、评估工作复核等。在2018年大规模商誉减值*风波后，因为出现大量重组标的无法实现业绩承诺，收购方集体大额计提*商誉减值等事件的发生，进一步推动了重组项目的监管要求的提升，也对重组项目的执行工作提出了更高的规范性要求。"

> **知识小卡片**
>
> ★ 商誉减值
>
> 　　商誉减值，是指对企业在合并中形成的商誉进行减值测试后，确认相应的减值损失。
>
> ★ 计提
>
> 　　计提，也被称为计算和提取，是按规定的比率与规定的基数相乘计算提取的过程。

景行师兄补充道："近年来，监管要求在不断提高，不管是重组、再融资还是IPO，对于从业人员工作能力的要求都在不断提高，从业人员需要承担的责任、尽职调查覆盖的范围也在提升。此外，监管对于具体问题的要求也更加清晰明了。"

我们当中致力于从事投行业务的小伙伴继续追问道："请问重组项目与IPO项目在业务要求或业务技能上有什么区别呢？"

"我举以下几个特定的例子来说明IPO和重组业务的不同。就个人银行流水核查而言，IPO需要将公司的实际控制人、控股股东、董监高及关键岗位人员的'三年一期'个人银行流水通盘核查。但是重组则无强制性要求，而是针对一些特定行业或特定企业，有内部规定要求或者项目组自行判断需要。开展重组的核查要求相对IPO来说是低不少的。另外，重组对于企业的报告期内的留存问题更加宽容，监管层对于申报材料的反馈问题，重组和IPO问题的数量、难度、尺度、精细程度都完全不一样。"

投行访谈录

听了景行师兄对于重组和IPO异同的阐述，我们对两者有了更加深刻的认识，我们越发好奇景行师兄在从重组转型到IPO时的最大困难和挑战。

景行师兄回答道："我认为重组和IPO更多的只是项目品种不一样，核查要求有所变化。转型的挑战则主要来自角色和责任的变化，随着我工作年限的增长，领导对我在项目中扮演角色的要求不断提高，我对自己的要求也在不断提高。我之前在做重组的时候，可能只负责某个领域，或者担任B角，但现阶段我在承做IPO项目的时候，可能需要担任起现场负责人的角色，这个挑战更多来自角色变换而非项目品种。

"总体来说，我认为在成长过程中，随着工作年限的增长，领导对个人的要求会发生一些变动。这不仅体现在项目承做方面，还体现在如何维护和客户的关系，以及对自己的要求要更加全面。

"IPO还有个特点，很多客户对于投行团队的服务边界是没有概念的，倾向于把各类与资本运作相关的事项均交由投行团队，因IPO服务周期长，这类事项发生的频次也高。以税务问题为例，我们经常遇到企业要求将股权激励涉及高管、员工个税筹划的问题交与投行团队，要求提供税务成本最低、最好的方案，事实上与股权转让相关的很多个税政策在不同的地区落地实施的标准、优惠政策完全不一样，而且还在不断地发生变动，原则上来说，当地专业的税务咨询机构才有能力为这类业务提供最优方案。应对这类型的问题，我们往往只能基于法规和以往在当地的操作案例（如果有的话），梳理形成几套方案建议，并结合实际操作中的可能性，供客户参考。一方面，这些工作是在服务范围之外，增添了团队人员的工作量；另一方面，这也是为了加强客户黏性而需要付出的代价。

"重组的话时间安排往往比较紧凑，且独立财务顾问的实际服务对象是上市公司，对于标的企业方的一些超出服务边界的要求，在时间不允许的情况下，往往选择让标的方再另行聘请机构提供服务。"

立足当下，心存高远

"您以后的职业规划是什么呢？打算一直做投行还是会转行到投资、董秘之类？"

"现阶段我更希望长期在这个行业深耕，除非发生一些黑天鹅事件。现在我只能算一个稍微有一点点经验的小兵而已，在这个领域里还有很多东西值得我去学习、去积累，我想等到积累达到一定程度后再做别的打算。这是一个长期持续的变化，是基于当前最新动态做的一个决定，这不只是个人选择的问题，还要综合考虑整个市场宏观环境变化的趋势。"

"看来还是要先把眼前的事做好。"我们笑着说道。

"是的，这话没错。据我了解，近几年毕业的学生是非常幸运的，这几年是前所未有的大年，招收了非常多的就业人数，很多机构大幅扩张。某些机构为了能够更多抢占市场份额增加了应届生招聘名额。我毕业那年暑期实习时刚好遇上股灾，连续两年的求职环境都非常差。当年我们部门所有的暑期实习生中只有我一个人留用，当时其他券商对实习生的暑期留用情况更不理想。不过我离开校招时间太长了，现在各个券商对于校招的标准，我并不是特别清楚。以我之前任职的券商为例，当时项目组话语权是很大的，如果实习生比较优秀，比如本科和硕士的学校都满足内部要求，取得业务部门负责人认可就基本能够获得留用。近几年，校招行情很好，不过这种红利期大概会持续多久，真的不好说，主要和整个市场的发展动向有关。"

在访谈的最后，景行师兄给我们提供了非常实用的建议："有心要做投行的朋友，可以开始向保代发起冲击。通过保荐代表人考试对做投行业务有非常大的帮助。相比于能够专注学习的学生时期，工作一段时间后再考取这个证书的难度是远远大于在校期间的。

"此外就是CPA，我个人推荐优先考取会计、税法、经济法这三门。如果还有精力，争取把审计也考了。财务功底扎实的实习生是很受欢迎的，这几个科目的应用也比较多一些。会计、税法就不用说了，经济法将有助于非法律本科出身的同学建立初步的法律合规性概念，审计则有助于我们理解和判断会计师的工作情况。如果你通过了CPA的三门核心科目（会计、经济法、税法），再加上通过保代考试就很有竞争力了。

"希望有志进入投行打拼的朋友从现在开始打下坚实的基础，将来的工作能够更加顺风顺水！"

总　　结

投行不同类型的业务都具有其鲜明的特点，所以工作思路需要自己在实践中慢慢摸索。同时又要贴近和关注市场，顺应国家政策和市场趋势，例如在注册制的实施和推进的背景下，优质**企业更倾向于选择IPO而非重组去实现资本化。当政策的方向出现转变时，不论对于从业者还是所在的项目组**，顺应趋势变化挖掘和培育IPO项目才能获得更加长足的发展。

完成一个IPO项目是一个长期的过程，需要从比较早期的阶段就开始接触客户，为他们提供持续的长期服务，这个过程中可能会有其他机构来竞争，但只要确保服务质量让客户满意，那么就会有比较明显的优势。

快速问答

Q：券商对应届生的本科毕业院校的要求都比较高，本科院校不好的同学应该在哪些方面努力呢？

A： 如果公司有这方面的规定，简历可能都投不进去，系统会直接把简历淘汰掉。如果遇到这种情况，建议大家考虑去小型券商。因为卡本科学历的情况一般发生在中大型券商，小型券商可能会相对好一些。如果想弥补本科学校不足，把证考出来会起到对冲作用。如果你是会计科班出身，却没有相关证书，这个时候就会很尴尬。例如，我在面试实习生的时候，如果我发现你是会计出身，我一定会问一些CPA相关的问题，如果你答不出来，得分会非常低，因为既然是科班出身，用人单位对你的预期就会更高。

如果是非科班出身，只要能够表现出你对基本知识有理解、有概念，能把财务法律相关的问题想明白，或者针对特定问题能够给出体系化的思路，哪怕不是标准答案，也会很加分。

此外，需要完善实习经历，比如之前在某个券商实习的时候参与过某个项目，这个项目不一定非要是一个成功的项目，关键是你在这个项目中间到底做了什么，学到了什么。举个例子，假如有同学跟我说，他参加了某个IPO项目，负责销售的核查，我可能就会问，公司的业务范围、上下游构成、做销售核查一般签署什么样的合同、是直销还是经销。如果是经销，经销的核查如何实施？如果针对客户业务划分，与同行业做过对比吗？同行业是怎么样，怎么考虑的？其中有些问题是一个正式员工该考虑的，不是一个实习生考虑的，但是如果实习生表现出对这些问题有所了解，证明他做事非常用心，同时他的领导在讨论问题时，他有去学习，非常认真地参与，这是一个很大的加分项。当然并不是答不出来就一定不行，而是答出来会很加分。

一两圈问题问下来，我们就会发现他对于整个核查的过程以及所从事的工作的理解。其实这个时候，我们对这个应试者的认识已经建立了。这种方式是很多面试官会采用的，以判断应试者之前的实习工作做得如何。

Q：您了解投行的地方团队吗？地方团队和总部的团队，他们各自扮演的角色有什么差异，以及薪酬和发展前景有什么差异？

A：存在区别，但不仅仅是总部和地方团队的差异，不同的券商一般都会有自己业务强势的地区和行业，也会有业务相对薄弱的地区或行业，一般来说不存在月度薪酬和绩效机制考核上的系统性差异。导致薪酬不同的，往往是在具体业务的发展上因为业绩、绩效的不同。从职业发展的角度来讲，肯定是到业务相对强势地区的团队更有助于个人的前期业务学习和进步。

有些"肩部"或"腰部"的券商因为在当地长期发展，和当地的监管部门、其他中介机构和投资机构的关系非常熟，本身在当地营业部也很丰富。这时他的项目落地能力具有显著优势，能够加入这种具有差异化竞争优势的券商团队也是很不错的。

本文编者：吴星星

本文校对：洪　瑶

信贷ABS业务介绍及从业指南

嘉宾经历

- 本期嘉宾本科毕业于某高等院校保险专业，硕士研究生毕业于北京某顶尖院校。
- 嘉宾就读研究生前曾有数年银行公司信贷岗工作经验。
- 嘉宾实习方向主要为一级市场，现就职于某险资券商投资银行部，从事ABS业务。

一个星期六的晚上，我们成功约到了和张强的访谈，当时他刚刚下班，神态略显疲惫，穿着休闲装在自己的出租房接受了我们的采访。虽然目前还处于实习状态（在某险资券商从事ABS*业务），但他对自己的未来有着很清晰的规划，对我们很有指导意义。

> **知识小卡片**
>
> ★ ABS
>
> 资产支持证券，资产支持证券是由受托机构发行的、代表特定目的

信托的信托受益权份额。受托机构以信托财产为限向投资机构承担支付资产支持证券收益的义务。其支付基本来源于支持证券的资产池产生的现金流。项下的资产通常是金融资产，如贷款或信用应收款，根据它们的条款规定，支付是有规律的。

从银行到投行

"我读研之前曾在银行的公司信贷岗有几年的工作经验，主要客户是大中型企业。读研之后，我从研一下学期开始在某头部券商实习，实习到次年的六月，将近十个多月的时间，主要做信贷ABS，累计参加了大概五单项目，并且涉及多种类型。这段实习为我打下了一个比较扎实的基础。后来因为这段实习经历的积累，我得以获得现在这家券商的暑期实习岗，并得到了留用。目前我主要做的也是信贷ABS，同时也会做一些企业ABS相关的业务。"

ABS业务近年来发展迅速，我们也颇感兴趣，于是问道："您能介绍一下投行ABS项目的具体流程吗？"

"ABS主要有以下三类，分别是企业资产证券化*（企业ABS）、信贷资产证券化*（信贷ABS）和资产支持票据*（ABN）。首先介绍企业ABS，按目前的存量规模来看，企业ABS是规模最大的，其客户（发行人）主要是企业。其次介绍信贷ABS，其发起方主要是持牌的金融机构，例如银行、金融租赁公司、汽车金融公司、消费金融公司等。最后介绍ABN，它是2012年交易商协会推出的创新型品种，对标证监会的ABS。"

> **知识小卡片**

★ 企业资产证券化

为非金融机构的企业将其缺乏流动性但未来能够产生现金流的资产，通过结构性重组和信用增级后真实出售给远离破产的SPV*或信托后，由SPV在金融市场上向投资者发行资产支持证券的一种融资方式。

★ SPV

在证券行业，SPV（Special Purpose Vehicle）指特殊目的的载体，也被称为特殊目的机构，其职能是在离岸资产证券化过程中，购买、包装证券化资产和以此为基础发行资产化证券，向国外投资者融资。

★ 信贷资产证券化

以信贷资产作为基础资产*的证券化，包括住房抵押贷款、汽车贷款、消费信贷、信用卡账款、企业贷款等信贷资产的证券化。

★ 基础资产

指符合法律法规规定，权属明确，可以产生独立、可预测的现金流且可特定化的财产权利或者财产。

★ 资产支持票据

是一种债务融资工具，该票据由特定资产所产生的可预测现金流作为还款支持，并约定在一定期限内还本付息。

张强对其中的信贷ABS业务最为熟悉，于是对信贷ABS进行了更深入的介绍："信贷ABS业务流程大致如下：第一阶段，券商竞标成功，与银行确立合作关系后，就会驻场牵头开展工作，组织中介机构。这些中介包括律所、会计师事务所，还有评级公司、评估公司（有些业务需要评估，但并不是必需的）。一般来说，项目确定之后会由发起机构开一个项目启动会，可能会说明项目发行的要求、时间和期望等。同时券商也会在会场上发言，说明工作的大致安排和时间节点，接着相关的中介机构会做出表态。启动会完成后，这些中介机构会组织访谈会议，进行尽职调查。近期访谈比较偏好以线上的形式进行，访谈对象视发行的资产来决定。如果资产是信用卡、账单分期这类资产，中介机构的访谈对象就是这个银行对应的一个资产部门。当然银行方面也有牵头部门，即其设立的投资银行部，他们的证券化团队会与券商对接，由银行的证券化团队在内部牵头，协调信用卡中心。

"此外，"张强补充道，"还可能有相关的其他部门来接受中介机构访谈。中介机构访谈，会访谈一次到两次，通常一次就够了。如果次数较多，发行机构会比较反感，而且时间也不好安排。中介机构可能会就与基础资产特点相关的问题做一些提问，假设这个基础资产是信用卡不良账单，那么它们可能会问银行的催收制度、关于逾期的认定，以及信用卡的整个处置流程。主要是围绕基础资产和相关管理制度，做一个详细的尽职调查。

"券商会参与每场相对重要的访谈会议，同时会协助发起机构做一些回答和补充。券商除了协调中介机构的尽职调查工作以外，还会对尽职调查结果报告做一些复核。比如，评估机构出具的报告给出的风险评级可能过低或过高，那么券商可能会进行协调，适当做一些调整。这些就是第二个大阶段——**中介机构尽职调查**。同时，在这个阶段还有一个很重要的角色就是律师，律师负责交易文件的起草，通常包括信托合同、转让合同（资产的转让合同），还有风险说明书。律师起草这些文件后要把它提供给银行，进而券商、银行、律师三方对文件中的条款和制度进行讨论。这里所谓的标准是什么呢？在我看来，本质上就是平衡发起机构和投资者之间的利益关系。因为交易结构的设计，或者某些条款的制度安排，会影响后期的销售。如果相关条款设置都是完全有利于银行的，那么肯定不利于销售，所以讨论的重点在于分配顺序或是某些费用的处置等关键性条款。最后由律师定稿，同时其他中介机构也会出具相关报告的初稿。报告出具之后上报监管部门。如果是公开市场发行，比如在银行间市场公开发行，那可能要上报银保监会，由他们审核。其实现在资产证券化实行的是备案制，因此一般做形式上的审核，主要看资料是否完备，以及是否违反监管的相关规定。**通过这一环节后，上报人民银行做一个交易的备案，这就叫注册制**。人民银行会视资产而定，有些可以直接实行注册制。这就像信用卡额度一样，假设注册了两百亿元的额度，那在两百亿元的额度内，发起机构都可以走简化流程，即上报到央行后，通过复核相关资产和文件，人民银行就会发批文。一般会在十个工作日之内，进行簿记建档*。

> **知识小卡片**
>
> ★ 簿记建档
>
> 簿记建档是发行的一种方式，资产证券化一般通过簿记建档方式发行。

"之前寻找的潜在的投资者，在此时走相关流程，签署协议、缴款，然后挂牌设立。这个销售环节是在上报银保监会之前，或者是等待银保监会审核的时候已经在寻找潜在的投资者，这时候才是券商真正发挥它作用的时候。**券商的主要职能就是销售，把资产卖出去**。如果规模比较大，像建行或者像工行发行的个人住房抵押贷款这一类，动辄都是一两百亿的资产，只靠一家券商可能不能卖完，所以会找好几家券商，一起做销售工作。这是大概的业务流程。"

我们惊叹于张强对ABS业务的了解程度，对这些具体的流程，我们之前从未研究过。又想起之前采访的做IPO的投行大咖，觉得与ABS在销售环节差异较大，于是问道："您刚才提到券商在ABS中发挥最大的作用是销售环节，这里好像和做IPO不一样？ IPO业务好像是在做承做时就会做很多事情，一旦拿到批文，之后反而就没什么工作了，是这样吗？"

"是的，这一点和IPO是有很大不同的，这是由国内金融市场的特点决定的，国内IPO折价很严重，发行价定得很低，因此只要拿到证监会的审批，后期的销售完全不成问题。比如，某只股票的发行价是二十多元，上市之后可能会有几十个涨停板。投资者争相申购，但公司债和ABS则不同，需要考验券商的销售能力。"

"ABS的销售对象主要是哪一些机构呢？"

"需要视资产类型而定，如果资产是住房抵押贷款，那可能它的投资者就是银行的资产管理部（以后可能会是理财子公司），它们可能会拿某些理财资金来认购；如果基础资产是不良资产收益权（不良贷款之类），那么一般不能直接向个人投资者销售，即使穿透*到底层也不能有个人投资者。这种情况下可能会有券商来认购，还有某些资产管理公司*（民营的资产管理公司也会认购）。有些风险相对较小的不良资产收益权，像信用卡这种，银行的理财资金也会认购。"

第二部分　投行业务扫盲：做股、做债、ABS、量化投资指南

> **知识小卡片**
>
> ★ 穿透
>
> 　　判断底层资产是否属于资产证券化负面清单列明的行为，以判断其是否适宜采用资产证券化业务形式，或者是否符合资产证券化业务监管要求。
>
> ★ 资产管理公司
>
> 　　ABS业务中的资产管理公司一般是指金融资产管理公司（AMC），是指经国务院决定设立的收购国有银行不良贷款，管理和处置因国有银行不良贷款形成的资产的国有独资非银行金融机构，是由国家全资投资的特定政策性金融机构。

　　我们对发行的整个流程颇为感兴趣，便继续追问道："流程的每个环节大概要花多少时间？比如，尽职调查环节花多少时间，然后提交给监管部门，这个过程又花多少时间？最后承销的过程大概要多少时间？"

　　张强抿抿嘴，继续说道："具体很难量化，以某种具体的资产来看，这里以信用卡账单分期资产为例，尽职调查时间通常需要两周，留给中介机构的时间也只有两周。因此，上报监管部门只有两周的时间，非常赶。文件定稿之后，可能会报给相关监管部门审核，或者银登中心*或者银保监会，此时销售工作已经启动了。券商一般会在监管出批文前就要找到潜在投资者。一般来说，如果是报银登中心审得会快一些，可能两周到三周会有结果。如果信用卡账单分期走银登中心模式，快的话全部流程加起来应该一个多月就能搞定。因为信用卡账单分期的资产笔数很多，多达几十

067

万笔，且规模可能近一百亿元，不可能逐笔尽职调查，尽职调查的时候抽样超过几十笔即可，然后进行详细的调查。

> **知识小卡片**
>
> ★ 银登中心
>
> 　　即银行业信贷资产登记流转中心有限公司，经营范围包含信贷资产及银行业其他金融资产的登记、托管、流转、结算服务，代理本息兑付服务，交易管理和市场监测服务；金融信息服务和有关的咨询、技术服务；银保监会批准的其他业务。

"但某些资产，比如**对公不良贷款，或者是对公企业贷款，中介机构需要逐笔尽职调查**。因此尽职调查的时间会很长，难以预估，我们最近做的项目有八十多笔交易，中介机构已经调查有快一个月了。此外，**个人住房抵押贷款也需要抽样尽职调查**，因为个人住房抵押贷款一般可能发几千笔，然后抽出五六十笔来做尽职调查。快的情况下一般需要一两个月。因为调查的时候并不是每一笔都很顺利，可能会有部分资料缺失，时间完全取决于底层的资产。"

"您做ABS时，遇到的最复杂的底层资产是哪一种？"

"我做过信用卡账单分期、信用卡不良资产、收益权，还有个人住房抵押贷款，主要是这几类，最困难的是对公不良资产，尽职调查难度很大。比如，有的企业对公不良资产，每一笔的金额都非常大，大概一二十亿元人民币，有时还会经过多道手续转让，导致尽职调查梳理的时候难度非常大。因为不良资产原来的债务人往往不太配合，需要更多地依靠原始权益人*，即发起机构（在企业ABS里叫作原始权益人，在信贷ABS叫作发起机构）。这样一来，想把资产尽职调查清楚，它的产生和转让是否合法合规，包括资产的每个关键时点是否存在瑕疵，甚至债权是不是合法享有的，想要把这些问题厘清就会非常困难。"

> **知识小卡片**
>
> ★ 原始权益人
>
> 原始权益人是指按照《证券公司及基金管理公司子公司资产证券化业务管理规定》及约定向专项计划转移其合法拥有的基础资产以获得资金的主体。

通过张强对ABS业务细致入微的介绍，我们对ABS业务有了一些大致的了解。除了业务层面，我们对张强的实习经历颇感兴趣，我们当中的大多数人是没有实习经历的，很想知道张强的两份高质量实习是如何获得的，于是问道："您是怎样获得这两份实习的呢？自己找的还是内推呢？"

"主要是自己投递，还有同学介绍。其实如果要找实习，老师能够推荐或者有资源更好。如果没有合适的，有同学的推荐也会好一些，特别是师兄师姐有一些积累，比如他们要招继任者或者组里缺人，和他们提前沟通，成功的概率就会更大。而且他们事先排过雷，毕竟并不是说所有的实习都很好，哪怕是在一些大券商，如果领导一般，我们在项目组内也很难学到东西，大部分时间可能都是做一些很基础的工作。但是如果有靠谱的师兄师姐，他们已经对具体情况比较了解，你直接跟过去就会少走很多弯路。"

"您当时为什么选择投行，而不是其他工作呢？"我们问道。

张强在进行职业选择时，通过深入地衡量自己的优势劣势、性格特点等才决定选择投行。他说道："现在证券业工作比较流行的是行研和投行。我在行研方面没有优势，据我了解行研的竞争很激烈，而且我当时做选择的时候，股市的情况还不是很好，所以我预判行研当时可能招的人会非常少，竞争很激烈。另外，根据我的背景来看：高中是文科，本科是商科，专业是保险，不是理工科复合背景。而行研偏好理工科复合背景，特别是某些门槛很高的专业方向，比如行研的计算机行业，喜欢招在计算机方面有研究成果的学生。而且行研一年四季都很忙，有时甚至放假时还在写报告，很少有休息的时候。不像投行，有忙的时候，也有闲的时候。此外，行研也很需要社交能力，需要服务好买方分析师，服务好基金经理。这种服务还需要掌握一定的资源，才能做好。因此，衡量自身的条件和市场情况后，我认为行研并不适合我。"

发现二级市场的行研工作并不适合自己后，张强对投行的细分工作做了相应的思考。"选择投行其实也有三个方向：做股、做债、ABS，"张强继续说道，"IPO长时间出差，而且通常项目少且通过率低（当然，这种结论暂不适用于这两年了）。这点我很难接受，所以我没选这个方向。做债和ABS相比，做债需要出一两个月的短差，但据说技术含量低一点，壁垒没那么高。而ABS出差频率更少一些，而且我感觉更有技术含量，再加上ABS这几年才兴起，未来市场空间很大。像包括美国在内的一些成熟的资本市场，他们的ABS以及以ABS为基础的衍生品的数量非常庞大。从以上角度思考，我最终选择了ABS方向。这个方向这几年处于一个红利期，是个热门的方向。现在公募REITs*已经在陆续开展了，未来市场空间很大。"

第二部分　投行业务扫盲：做股、做债、ABS、量化投资指南

> **知识小卡片**
> ★ REITs
>
> 房地产信托投资基金，是一种以发行收益凭证的方式汇集特定多数投资者的资金，由专门投资机构进行房地产投资经营管理，并将投资综合收益按比例分配给投资者的一种信托基金。

REITs这一新兴事物引起了大家广泛的兴趣，于是我们问道："REITs是ABS的一个子类吗？您有接触过REITs吗？"

"不是ABS的子类，但是会涉及ABS的专业知识。我目前还未接触过相关的业务，未来或许会参与REITs的项目。**公募基础设施REITs项目通常需要由券商ABS团队参与。以高速公路为例，需要将其从原来的公司中剥离出来，然后把收费权设立资产支持专项计划，这些工作需要券商来操盘**。"

聊到这里，我们也向张强打探了一下做ABS工作的强度如何。

"无论是IPO还是ABS，都有一个特点，它是分阶段的，有时候特别忙，有时候不忙。总体而言，ABS相对于做股和做债，可以更好地平衡工作和生活。据说IPO在报监管之前每天都需要熬通宵，而ABS一般最多是两三晚熬一下通宵。而且我们到了某一步之后，后面都是销售环节，工作量明显减少，可以有双休。"

"ABS的薪酬与IPO、做债相比呢？"

"IPO和做债的薪酬，我不太了解。ABS的话，根据我了解的情况，如果是分在项目较多的产品团队，税后到手三十万元左右。工作三五年后，副总裁（VP）及其以上税前能够接近五十万元。"

ABS 的前世今生

"据其他受访者提过,每推出一个新品种,对于新人来说都是一次机会。那ABS最早是从什么时候开始的呢?"我们对ABS的发展历程颇为感兴趣。

"从2005年国家就已经开始做试点,主要是以银行作为发起机构。2008年金融危机爆发后,试点被暂停,2012年左右重启。2014年至2015年监管有比较大的动作——注册制备案发行。这大大简化了流程,原来的审核形式使ABS的申报很烦琐,比做债更复杂,因此发行成本相对高。注册制后,它的流程大大简化,时间缩短,所以推动了它的发展,特别是以个人住房抵押贷款为基础资产的支持证券(RMBS*)在2016年至2018年迎来了大发展,刚好那几年是房地产市场比较繁荣的时候,银行需要发行RMBS来腾挪贷款额度。举个例子,如果资金都拿来做房贷,房贷额度快用完了,那么可以把贷房款卖出去,得到资金后继续放房贷。

> **知识小卡片**
>
> ★ RMBS
>
> 个人住房抵押贷款证券化,指银行选定部分个人住房按揭贷款设立资产包,将资产包中的每一笔贷款及其附属担保权益转让给受托机构,由受托机构以资产支持证券的形式发行受益证券,并以该财产所产生的现金支付资产支持证券收益。我国对于RMBS的发行起源于2005年。

"所以当时房地产市场繁荣以及监管政策的改革都促进了它的大发展。企业ABS差不多也是在那个时候爆发的,它在交易所挂牌,私募发行,相当于是备案制不是审核制，也是在这几年（2017年至2018年）超过了信贷ABS，成为现在发行量最大的一类的ABS。企业ABS相对于信贷ABS收费更高，业务利润更厚，分给相关项目人员的钱相对多。另外，公募REITs如果能够后期走顺，应该也是很好的机会，这几年可能会有所发展。"

"那么可以说这两年ABS（含REITs）是一个红利期吗？"

"REITs有待观察，从求职的角度来说还没有被完全验证是一个很好的机会。虽然有创新，但是可能制度的完善还需要一个过程，市场能否真正爆发还需要一个过程，现在下结论为时尚早。"

ABS的转型之路

"做股和做债，到一定年限都会考虑转型，比如转到承揽或中后台。ABS从业者会有这方面的考虑吗？"

张强已经清晰地考虑未来的具体发展路径，于是娓娓道来："做ABS同样有转型需求，工作强度可能只有年轻人才能适应。如果一直从事的是承做的角色，除非是没有别的选择，否则一般都要主动或被动转型。特别是做股的从业者，转型的需求会更大，在组建家庭，抚养孩子之后，长期在外出差不现实。我觉得ABS还能在承做上多坚持一下，因为不用长期在外出差，但是也有转型的需求，需要减轻一些工作量。"

"您能给我们指导一下具体的职业规划吗？"

张强笑笑说："指导谈不上，如果是从ABS承做起步的话，工作的前一两年需要先熟悉ABS的各个环节。接着看后期的职业转型方向，如果需要向承揽方向转型，那么就要把工作量慢慢地分出去，多做一些承揽或销售的工作，即往两端转。如果这两条路都不太好走，可以考虑转质控，这是坐班的角色,虽然也很忙,但属于甲方角色,会比在项目组好一些。如果这三条路都走不通,那么可以考虑跳槽到银行的投行部,大行如果跳槽不到,可以跳到一些中小银行的投行部。因为我们现在服务的客户一般都是银行,所以从乙方跳到甲方也是相对不错的选择。"

总　结

本次访谈的受访嘉宾张强主要介绍了ABS的发展史,投行ABS业务中的分支——信贷ABS的流程、操作难点和重点,并在最后指出了ABS业务的转型路径。

对于ABS的发展史,2005年国家就已经开始做ABS试点,银行作为发起机构。2008年金融危机爆发后,试点被暂停,2012年左右重启。2014年至2015年ABS转为注册制备案发行,在2016年至2018年迎来大发展,此时企业ABS快速扩容,发行量已经超过了信贷ABS。

投行ABS业务中的分支信贷ABS涉及券商的主要业务流程有:第一阶段,券商竞标成功,与银行确立合作关系后就会驻场牵头开展工作,组织中介机构。项目确定之后会由发起机构开一个项目启动会,券商在会场上发言,说明工作的大致安排和时间节点。第二阶段,启动会完成后,这些中介机构会组织访谈会议,主要是围绕基础资产和相关管理制度,做一个详细的尽职调查。券商除了协调中介机构的尽职调查工作以外,还会对尽职调查结果报告做一些复核。第三阶段,券商会在挂牌成功前或者等待银保监审核前,进行最重要的销售环节,寻找潜在的投资者,把资产卖出去。

操作的难点和重点方面主要体现在尽职调查环节。对公不良贷款,或者是对公企业贷款,中介机构需要逐笔尽职调查;个人住房抵押贷款需要抽样尽职调查。其中，对公不良资产尽职调查难度相对较大，是最复杂的底层资产。

对于ABS业务的个人职业生涯规划，可以先从ABS承做起步，先熟悉ABS的各个环节，后期可以转到承揽或销售，也可以考虑转质控。如果以上三条路都难以做到，可以考虑转向甲方，进入银行的投行部工作。

快速问答

Q：注册制放开后，投行是否会有更多的项目？这对新人来说是否意味着会有更多的机会？

A：因为我不是这个领域的，这里仅分享我的个人理解。我觉得注册制放开之后，最直接的效果就是券商的业务增多，以前需要证监会逐个审核时，潜在客户较少。现在放开了审核条件，那么很多企业可以成为潜在客户，会很需要人手。目前，很多券商都在大力扩张，我认为从事做股的成功率会更大。这几年，我觉得一级市场比二级市场要好找工作。

Q：您对拟从事投行ABS业务的学生读者有什么建议？

A：第一，尽量把重要的证考下来，包括司法考试和注册会计师。注会如果六门考不完，那么至少要考一些关键的，如会计和财管。尽管有人说考证不重要，但CPA在实务中还是很重要的，对于后续业务操作有很好的帮助，所以能考的话尽量考下来。如果要做ABS，最好也要考取法律职业资格证，因为ABS需要的法律知识更多。

第二，最好能够拿到一些奖学金。拿奖学金的其中一个办法是从事学生工作或班干部之类。另外，各类赛事也可以关注一下，如果能拿到奖项还是不错的，对求职非常有帮助。

第三，实习也非常重要。而且在大平台积累实习经历很重要，尽量第一份实习就在大型券商，不要在小型券商浪费时间。另外，最好找两三份好的实习，熟练相关技能，不要把时间花在复印、写材料上。多看看相关文件和相关制度、多思考。真刀真枪面试的时候，对实习的思考、对业务的理解程度会对面试有很大帮助。

研究生期间的同学需要首先确定好一个具体的求职方向，一旦选定某个方向，就沿着这个方向往下走，从一而终，行则将至。

本文编者：许程智

本文校对：邓博文

债券承揽与执行的宏观视角

嘉宾经历

- 本期嘉宾本科毕业于北京某顶尖院校，研究生毕业于北京另一所顶尖院校。
- 嘉宾的实习涉及会计师事务所、头部券商研究所、头部券商并购融资部。
- 嘉宾毕业后，先后就职于长三角某券商、外资券商、某南部券商、某中型券商，主要从事债券承揽与执行工作。

冬季的一个夜晚，龙翼刚刚处理完手头的工作，趁着工作间隙接受了我们的线上采访。

龙翼毕业后加入某长三角大型券商，曾在某合资券商与某南部证券公司先后任职，现任职于某中型上市券商，主要负责债券的承揽与执行工作。

投行访谈录

几经波折，终入债权

"我可能比你们年长一些，我是'80后'，2006年我进入北京前三院校读本科。我们那个年代其实证券公司并不是一个很主流的选择，当时更多人选择到'四大'（指四大会计师事务所，普华永道、德勤、毕马威、安永），或者宝洁、联合利华、壳牌等外企就业，从2008年左右，央企这个词开始逐步进入大家的视野。"

关于实习经历，龙翼师兄告诉我们："我在大学期间没有过多地去实习，只在会计师事务所实习过，当时我主要在做学生工作。大四毕业后，我在重庆一所农村小学支教了一年，在支教的时候，我下定决心要读研究生，那时才开始考虑后续从事的工作，才逐渐了解证券公司的业务模式，才开始准备CFA与注会的考试。2011年，支教结束后，我在研一开学前去了某头部券商的研究所，暑期实习两个月后，发现自己确实不太适合卖方研究工作，便紧接着转做投行。之后我在另一家头部券商的并购融资部实习了九个月。"

提起自己的职业选择，龙翼师兄表示自己当年也十分纠结，但他还是更加看好债券市场的现状以及未来发展，做出了最终的选择。"在2012年我开始找工作的时候，当时实习的头部券商也可以留用，还收到了大行总行和央企的录取通知。那个时候，其实我也在纠结做什么工作，现在回想起来，当时我的想法真的很单纯，就是考虑到债券这个行业，公司发债后还要再发，但是IPO做完一单就结束了，如此看来债券的未来前景更为广阔。另外，国内的债券主要是从2008年开始启动，行业里有经验的老人不多。像我当时在实习的时候，我们组的组长是我的老学长——一个'60后'，在债券行业里这是难以想象的。老人少也就意味着年轻人出头的机会多,所以出于一些考虑,校招的时候我以债券的岗位为主,最后长三角某券商向我伸出了橄榄枝,我便决定到那里任职。现在回顾当时我做判断的标准还是有很多问题,比如其实IPO也不是一锤子买卖,随着国内经济的发展,必然会涌现出越来越多优秀的企业,而且行业也不断在变化。"

近年来,投行工作十分热门,龙翼师兄也给出了自己的看法。"首先我得澄清一点,就是大家经常会说投行的工作怎么样,其实这个话经不起推敲,因为投行这个词,它并不是一个很具体的词汇。从岗位来说,分股权、债权;从产业链条来说,像债券分承揽、执行和销售,还有资本市场部;股权也有类似的划分。不同的岗位对个人的能力要求、职业生涯发展的影响是完全不一样的,所以大家如果经常说从事投行工作要准备什么,这个问题其实意义不大。"

此外,对于投行中的股权与债权,师兄补充道:"仅从股债来说,虽然统称投行,但监管机构不一样,客户群体不一样,投资人群体也不一样。与其说大家是同行,不如说这两个就是不同的工作,没有可比性,不同岗位的差异非常大。

"就债券来说,如果让我来判断一个人适不适合做执行,我基本上和他简单交流一下,甚至可能只要短时间的共事就能知道他适不适合这个岗位。因为在我看来,一个债券业务成熟的执行,他成长的路径可能只有一两条,因此只适合一些特定性格的人来做。但如果是做债券的承揽或销售,那就又不一样,每个人都有自己的路径和打法,这两个岗位可能更多的是'条条大路通罗马',以结果论英雄,当然肯定会有一定的分析逻辑,但是相对来说没有那么单一。

"包括股权和债权,客户群体不一样,意味着打法不一样,比如债权的客户可能更多的是城投和国企,股权现阶段的客户更多的是民企。面对民营企业老板和国有企业董事长，你的营销手段，后续维系的方式、方法是完全不一样的。所以他们就是两个不同的岗位。"

冲州过府，洞若观火

对于自己的职业发展，师兄笑着补充道："开个玩笑的话，高情商的说法就是，我既体验了外资，也体验了内资*，既体验了大型券商，也体验了小型券商。大概这个行业里面所有类型的玩法，各种公司的运作模式，我都略知一二了。低情商的说法就是，我的职业生涯命运多舛，遇人不淑，不停地换工作，但这也是我们这个行业的一个特点。我们这个行业确实还是更加看重个人能力，不像在央企、银行，离开了组织，个人的选择会很有限，换了新的地方可能要重新开始。就算我曾在某底部券商任职了三年多，但是只要我做出一定成绩，大家都有一个标准去衡量，所以我在面临后续选择的时候，国内大家熟知的一些顶级券商我也是能回去的，但后面出于其他方面的考虑，还是选择了现在的单位。这是我们行业的特点，很看重个人能力，换公司肯定也是会有损失的，但不至于像一些体制内的工作，换行要慎之又慎。"

> **知识小卡片**
>
> ★ 内资和外资
>
> 即内资券商和外资券商，内资券商分为民企控股和国有控股，大部分内资券商是国有控股。

外资券商近年来在学生中越来越受欢迎，基于龙翼曾拥有在外资券商的工作经历,我们追问道:"您能分享一下外资券商和内资券商的区别和共同点吗?"

"这两个其实差异非常大,很多人可能觉得外资意味着相对光鲜的生活方式和工作模式,包括衣食住行的条件、同事的学历背景等,这些方面肯定是差距很大的。比如,我当时有幸参与了熊猫债*的放开,经常去我国香港地区出差做一些境外的业务,我的同事中很多都是有常春藤的背景。但这些其实更多的是一个经历,经历之后我发现其实我国的市场很大,未来我们都是基于国内的客户和市场去做业务。这种经历沉淀下来后能带给我的东西其实非常有限,而且一些外资或合资证券公司,更多的是具有一个窗口性的价值。

> **知识小卡片**
>
> ★ 熊猫债
>
> 境外机构在中国银行间市场发行的债券。

"国内和国外的不同在于,国内有监管机构,国外则是弱监管模式。在国内我们拿到批文很重要,在国外则没有批文的概念,更多时候是需要我们能过公司的内部委员会审核。因为在国外,比如IPO,可能摩根士丹利和美林,最后的IPO的价格不一样,那么对客户来说,就会选择头部的机构。但国内证券公司有100多家,可能很多时候选择就会不一样。

"内外资券商面对市场竞争的方式也不一样,比如境内有很多的监管机构,监管机构在制定规则的时候不会明确划定责任边界,以便他们事后通过证券公司管理市场去处罚证券公司。这在外资看来就不能理解,他们认为不明确法律边界就没法开展业务,进而就会觉得政府需要做出改变,他们会有这种居高临下的姿态,在这种情况下,外资券商明显会出现水土不服的问题。还有就是具体业务形态上，比如在中国可以近似认为银行不会倒闭，是一个无风险的单位，这就是大家文化背景上的宏观差异。

"这几年内资券商背靠我们的市场发展得很快，各方面都迎头赶上来了。国内证券公司投行业务最近两年的涨薪幅度很大，其实国内证券公司的薪酬跟国外的差距已经没那么明显了，这个差距也会越来越小。但整体来说，在内资公司，我个人觉得职业生涯的赋力可能更强一些，因为做得更多的是一些接地气的业务，大家的观念是一致的。如果让我现在推荐的话，我肯定强烈推荐大家能去内资就别去外资。"

由于师兄的职业发展历程可能与多数人想象的不断走向大平台不同，龙翼师兄曾选择跳出大平台加入小型券商，我们对此也十分好奇，于是问道："师兄，您当时为什么会先跳到外资券商，然后又从外资跳到了小型券商？您经历的是怎样的一个心路历程？"

"债券这个行业在变，监管机构的模式、客户的群体、营销的方式全都在变，现在整体外资在境内是没有任何竞争优势的，但是在大概八年前情况是不一样的，那时外资业务做得还是非常好的，有很大的生存空间。从业务方面来说，那段经历对我个人来说还是很有意义的。我在第一家公司时，做的很多业务都是区县级平台，但那时外资券商就不一样，我的同事从学历到家庭背景都有很大不同，进而导致承揽项目的方式，包括客户群体也都完全不同，另外一点就是基本工资的差异也非常大，所以那个时候选择去外资任职肯定还是没问题的，但让人始料不及的是，中国债券行业在2015年出现了一次大爆发。

"至于我后续跳槽到一家小型券商，更多的还是从个人能力的角度去考虑。因为我在外资券商工作时，虽然基本工资很高，但本质上还是一个'工具人'，并且工作也不轻松。债券行业大家都知道，未来是要以国内市场为主的，那个时候也面临着美国的外资券商对境内业务收紧，很多业务无法开展，当时选择离开是必然的。到了2017年，我拿到了这家小型券商和一家头部券商的录取，这肯定是一个天一个地的区别，我去小型券商之后，基本工资可能是之前在外资时的三分之一。但那个时候我心比天高，一方面觉得自己能做好，另一方面我面临着职业生涯的转型问题，之前我是做承做，后面想在承揽方面锻炼一下自己，如果不合适，那我再回大型券商也是可以的，所以在这样的大背景下，我选择了那家小型券商。"

聊到这里，我们也向师兄请教了一下投行债权的职业路径。

"我们的一个主流路径就是所谓的'学而优则仕'，债券执行岗*做得好的人可以做承揽。但其实承揽不是一个既定路径，很多人不太擅长做执行岗，但很擅长做承揽。我个人觉得虽然资源很重要，但它远远达不到一锤定音的程度，个人在行业中的努力和投入才是最重要的。换句话说，我现在的工作时间可能是其他同事平均水平的一倍，有些同事可能一周有效的工作时间是50个小时，但如果我工作80个小时，一年下来，我的积累就会比其他人多出很多。很多人会觉得A比B做得好，是因为A的家庭原因，这其实是一个很片面的想法，忽略了很多其他因素，只是武断地得出一个结论，人家比我强，是因为家庭比我好，不是因为我不够努力，这是一个很负能量的想法。所以，大的方面大家会说，一级市场非常吃资源；小的方面，其实和个人的努力是分不开的。

> 知识小卡片
>
> ★ 债券执行岗
>
> 债券执行岗负责公司债、企业债等各类标准债券项目的尽职调查、申报、存续期管理等全流程项目执行工作，并协助完成发行。

"对我来说，我工作到现在，就是靠着专业化的服务获得客户的信任。像我刚才说的，做执行可能只有一两条道路能让你成为一个成熟的执行人员，但是承揽就条条大路通罗马了，很难说哪条路行或不行。另外，债券市场其实是一个逐年膨胀的市场，市场的高速扩容对专业人员是有很高要求的。我个人并不觉得做承揽就是唯一的出路，把执行做好、把质控做好，或者把内核做好一样是非常有价值的事情。未来随着市场的成熟、客户的成熟，技术端一定会越来越重要。"

我们中有志于从事投行工作的同学也提出了自己职业选择方面的疑问："工作之后，您现在怎么看待做股与做债的方向选择呢？对于我们这种还没有入行的后辈，应该怎样判断自己到底适合哪一个方向呢？"

龙翼师兄说道："纸上得来终觉浅，有些事在实习之后才能知道，你很难在事前找到一个最优解。也许在同一家公司的不同团队中实习，你接触到的人打法也完全不一样，这使得你对行业的理解可能就不一样。与其说是做股和做债的差异，不如说是业务团队的差异，不同行业的业态差异非常大，所以难免会有一些运气成分。所以实习很重要，去实习之后你才能大概了解这个行业是如何运转的，但也可能即使工作了一两年也得不出结论，往往可能职业生涯结束后，再回头看，才能相对明确地算出得失。"

"那您觉得投行债权的发展趋势会是怎样的呢？"

"你们一定要有一个大的思路，任何行业肯定是越做越复杂，同时毛利也会越做越低，这也符合马克思主义政治经济学的观点，任何行业的利润都会回归行业平均净利润。在这样的共识之下，我只能说行业肯定不会消亡，不会像我们一些职业选择越做越窄，这个行业对人才的需求也会越来越多。当然，这是我一家之言，我的很多同事都有不同的转型方向，在每个人的心里都有一个不同的债券行业和债券市场，也许有些人找到了更好的路，也许有些人觉得这个市场没有希望，但真实原因也许是他被淘汰了。

"最近有一个词叫'头部效应'，就是业务往头部集中。"龙翼师兄继续说道，"但我在2013年入行的时候，全国证券公司做债券的不超过20家。可以说，那时的头部效应更明显，全行业前20的市场占有率为100%。现在行业前20的市场占有率可能只有70%。所以，很多时候如果拉开时间线去判断这个市场的话，可能结论是不一样的。为什么股权头部效应还很明显？第一，十年前股权头部效应更明显；第二，在某种情况下，这符合规律，一个市场在发展停滞甚至收缩的情况下，一定会朝行业头部集中。可债券市场不一样，大家都说头部效应明显，但我详细分析过，信用债市场过去三年的头部效应是在下降的，也就是说，头部公司的市场占比是下降的。"

"您的同事除了转做承揽，还有选择哪些方向的呢？"我们追问道。

"每个人的情况都不一样，转承揽这个词其实也不太准确，因为承揽和执行的边界不是很明确，我现在可能同时在做十几单业务，那些项目可能是我承揽的，但同时我依然在看申报文件、跟内控打交道、跟监管打交道，执行工作依然没有放下。但对有些人来说，他天生就不擅长文案工作，但特别擅长与人打交道，那他可能就专职做承揽。还有些人可能在工作过程中发现做一级市场不适合自己，在客户资源上把握也不是很足，就去做了销售，这不是一个承揽和执行的二分法，至少在我看来是这样的。另外，就是随着行业的变化，我们可能慢慢地从具体业务人员到团队负责人，再到部门负责人，正常的管理工作也是在变化，这也是职业生涯的一种变化。"

我们听了龙翼师兄对债券市场的见解,有了更深刻的认识,我们也好奇地问道:"我想问一下师兄,您目前做债的话,是全品种的债都会做,还是专注于某一类债券?"

"我是技术型出身,从企业债、公司债、金融债,包括债务融资工具的产品都做过,民企、国企、央企、银行客户我都接触过。但是债券产品不停地变,监管机构也不停地变,所以对我来说,我个人的岗位也不停地变。我过去更多的是从承做的角度看待问题,现在角度已发生转变,比如有券商在和我竞争一个客户,我会充分地利用专业技术,找到一些契机去竞争,同时辅以一些人际关系的安排。事实证明,我这样的打法还是很有效的,我得到的反馈也是比较正面的,但是这样的方法在有些城市做得通,在其他城市就不一定有效,所以这个行业很大,内涵很多。"

龙翼师兄补充道:"我认为债券市场是割裂的,每个省基本上都有各自的证券公司,现在区域化的趋势越来越显著,基本上在每个省的债券市场占比前三的一定有当地的券商,甚至很多省当地券商都是排名第一的。在不同的区域,当地券商一定有大量的主场优势去为展业提供辅助。

"我们的客户是国有企业,国有企业的特点是领导经常换,企业是组织的企业,是党的企业,不是个人的企业。也许现在你和企业关系特别好,但领导一换就不一样了。从这个角度来说,现实很残酷,做这个行业想要跟国有企业,跟客户维系长期的关系,其实是个伪命题,你无论维护得好还是不好,最后客户可能都会换人,给了你第一个项目不代表给你第二个项目。行业的资源是不断推陈出新的,这也就意味着大公司永远不可能把一个市场吃掉,其他公司也会有新的业务机会,所以债券这个市场很难一统天下。"

总　结

本次访谈的嘉宾首先对比了股权业务与债权业务的区别；其次介绍了内资券商和外资券商，境内和境外发债的不同之处；最后总结了债权业务在业内的特点。

首先，股权业务与债权业务虽然统称投行，但监管机构不一样，客户群体不一样，投资人群体也不一样。比如，债权的客户可能更多的是城投和国企，股权的客户在现阶段更多的是民企，由此产生的营销手段，后续维系的方式、方法是完全不一样的。

其次，对于内资券商和外资券商，以前是外资券商较为吃香，但随着国内市场的不断扩张和不断成熟，未来将更多地基于国内的客户和市场去做业务，内资券商将有望获得更多的业务量，在薪资水平方面也在不断追赶国际水平。

再次，国内和国外发债的不同之处在于，国内有监管机构且监管力度较大，国外则是弱监管模式。在国外，客户优先选择头部的机构。而国内证券公司较多，头部效应可能并不明显，客户的选择上也会更灵活。

最后，关于投行债权业务的发展特点，嘉宾表示，投行债权业务的毛利将会不断降低，而头部效应也呈现出减弱态势，并且具有一定的区域性，对于不同的区域，当地券商往往有大量的主场优势为展业提供辅助。

快速问答

Q：您在这种高强度的工作中，是如何保持热情的？

A：一般情况，可能大家更希望的是爱一行干一行，但很多时候人生不可逆，我们很难把三百六十行都尝试一遍，看哪个更适合自己。我们大多数人都是前期实习铺垫一下，正式工作中感受一下，发现这一行自己干得还不差，又能拿到相对不错的收入，也就坚持做下去了。客观上，我们这个行业虽然是乙方，但是我们是能创造价值的，是能得到客户的认可，收获很多方面的正反馈，也能支撑我们一直走下去。

另外，每个人的性格也不一样，比如我可能是有点工作狂的特点，我觉得我自己有些事情今天必须完成，就算牺牲休息时间也要完成，这样的人也会影响同事，影响下属，形成团队特有的一种工作方式和战斗力。所以这个问题可能因人而异，而且人生不同的阶段也不一样。

对于不停地换酒店，不停地出差工作，当空中飞人，很多人可能会觉得比较光鲜，但在我看来，这些在一定程度上掩盖了我们行业辛苦的本质。

Q：您是如何处理工作跟家庭间平衡关系的呢？

A：每个家庭的情况都不一样，我家人对我的工作比较包容，我个人是无论工作日在什么地方，周末也要尽量回到家陪家人。实际上，虽然说好要跟家人一起出去吃饭、看电影，最后却还是在家加班。但是对我来说，周末只要我能回到家，哪怕在家工作，对家人也是一种慰藉。当然不同的家庭情况不一样，有很多家庭可能接受不了这一点，那你应该认真考虑一下，可能你就不适合这个行业。这个所谓的平衡其实是因人而异的，而不是有一个普适性的标准，这也是多年来，家庭内部相互匹配、相互磨合之后特有的处理模式。

Q：请问您挑选实习生的标准是怎样的？

A：我觉得这点很难判断，或者说我的判断也不一定客观、全面，毕竟大部分同学可能还没有工作，也不得不承认会有运气的成分在里面，这就是为什么我说在大公司相对安全，不会因为个别团队的问题影响你的职业发展。从我的角度来说，我招人要看具体情况，比如招承揽还是执行的标准肯定不一样。其实在我看来，我并不排斥地方性院校，只要你是个可靠的人，你有可塑性、可培养性，那我觉得就可以。

我一般面试实习生时会有一套自己出的笔试题目，题目里涉及了方方面面。也许大家得到的分数不同，但其实这并不重要，因为大家的实习背景、学历背景肯定会导致知识储备不一样。但是如果在答题过程中，我能发现你有悟性，经过我的引导你能进一步思考，这是我更看重的。在实习过程中，我更看中的是变化，因为肯定要结合个人能力来安排工作，所以更多地看相对变化，而不是绝对变化。

Q：对于频繁更换实习与方向的同学，您在招人的时候会不会觉得这样的同学对自己的职业规划不够明晰？

A：这个没有统一标准，每个人的差异都很大，我相信我们在面试的过程中一定有很多应对的套路，我作为面试官也有自己的判断。我们都是过来人，基本上都知道这件事情大家是怎样想的，所以更多地看同学们在回答问题过程中的话术与逻辑，给我们展示的精神面貌和知识储备。任何行业都存在竞争，一定有优胜劣汰的过程，从我个人的角度，人才一定是稀缺的。在你们看来，可能找工作不容易，找实习不容易，但在我们看来，找到靠谱的实习生也很难。

Q：请问未来的两三年内，债权是不是所谓的"小年"呢？

A：我认为没有必要这样计算，我们每个人的职业生涯都是以五年、十年来计算的，进入行业是熊市还是牛市其实对个人的影响并不大，只要你踏踏实实地工作、学习、考证，我觉得不会有影响。把时间线拉开来看，并不是说大年入行或小年入行就一定好或不好，每个人入行后的资源都会不一样。另外，我们无法控制外界变量，所以还不如不考虑，不要给自己平添烦恼。

Q：您对REITs的发展有何看法？

A：搞基础设施工作一定会有很大的市场，但基础设施公司的高收益不一定具备普适性，它的基础资产有很多限制。公认最后的点一定在商业地产REITs，通过国外的一些分析也能看出来。现在公司纷纷在做员工、人员的储备，但是如果商业迟迟不放开，或者说未来

> 十年内都不放开，那这些人的职业生涯就被耽误了。大家都说商业是风口，但这个风口到底是在未来一到两年还是五到十年到来，谁都无法判断，包括政策制定的官员也无法判断，大家很多时候都是要顺势而为的。

本文编者：张堇然

本文校对：丁　盛

ABS业务简介及从业准备

嘉宾经历

- 本期嘉宾本科就读于某高校计算机专业,研究生毕业于北京某顶尖院校。
- 嘉宾的实习涉及某头部券商投行部从事IPO项目、某中型券商从事资产证券化承做业务。
- 嘉宾毕业后工作内容涉及某投行ABS业务。

深秋的下午,我们与涤生师兄相约在母校的办公室。毕业多年,重回故地,涤生师兄感慨连连,仿佛又看到了当初那个刚刚考研成功但对金融一窍不通的大男孩。访谈就这样在温馨的回忆氛围中开始了,我们聚在一起,聊了聊他从一名程序员一步步走向投行"弄潮儿"的成长之路。

打破压力,从零到一

与大多数人本科毕业后直接读研不同,涤生师兄之前有过一段工作经历，因此比大家年长两三岁。涤生师兄笑道："当时我在广州工作，每天都要码代码，整日与机器为伍，生活比较无趣，也缺乏挑战性。于是，我便萌生出考研的想法。"第一年，涤生师兄报考清华大学五道口金融学院，但是遗憾落榜。第二年，他更换了目标院校，并被顺利录取。涤生师兄表示，这段曲折的转行经历，加上年龄偏大带来的同辈压力，总让那时刚入学的他感到急躁不安、无所适从。

"受到这种急躁心态的影响，我在刚入学时便开始实习，读研期间基本没有在学校待过。现在看来，这是一个错误的选择。"涤生师兄语重心长地建议我们，"同学们一定要引以为戒，趁着在校期间抓紧时间提升自己，不论是专业素养方面的硬实力，还是为人处世方面的软实力，都值得大家重视。"

"您认为在校生进行几份实习合适呢？"我们问道。

"整体而言，考虑到大家基本上都是研一、研二的学生，肯定需要一份实习，最多两份，不需要太多。需要注意的是，与实习的数量相比，更重要的是选择大的平台。例如，如果你想做投行，就要优先选择顶尖级别的券商。金融行业对实习生的整体要求可能没有大家想象得那么高，如果大家用心准备，应该都能获得实习机会。"

在诸多金融领域中，涤生师兄最终走上了投行之路。他之所以做出这样的选择，是因为当时毕业生的主流选择分为研究所与投行两类。研究所和投行的工作节奏相去甚远，在实习过程中，涤生师兄发现自己更适合投行，于是冥冥之中将研究所的选项排除了。"不过，大家最好根据自己的爱好，与师兄、师姐多多交流，最终选择一条适合自己的路。"涤生师兄补充道。

说着，涤生师兄开始讲述自己读研期间的全部实习经历。"起初，我在某头部券商甲投行部实习，历时8个月，完整跟完一个IPO项目。2017年暑期实习时，我去往某中型券商乙，主要工作为资产证券化承做业务。**当时ABS还是比较新兴的市场，2014年相关政策出台，2015年市场开始发展，2016年ABS市场的增量规模为几千亿元人民币，2017年之后，ABS市场的存量规模突破万亿元人民币**。单从市场规模判断，大家也能明显感觉到ABS在当时是一个风口。在这个大背景下，我最终选择了入职券商乙，从事ABS承做业务。"

涤生师兄告诉我们，在实习中，尤其是投行实习，更为重要的一点是选择实习方向。投行业务大致分为股权、债券与ABS。涤生师兄就此结合自身工作经历为大家提供了两个思考维度。

第一个维度是平台大小。"债券业务方面，大平台与小平台差别不大，因为大、小平台都有较多的债券项目承做机会，如果目标是做债，平台影响较小，优先选择好的团队。但是，如果目标是做股，我不太建议选择小平台，因为小平台的股权项目相对较少，没有完善的培养机制。"

第二个维度是工作节奏。"不论股权业务还是债券业务，出差都会比较频繁。其区别在于，股权业务出长差较多，这种工作节奏在初入职场的时候应该能够接受，但可能会与个人中长期发展的目标产生冲突。而债券业务的出差一般为短差，不过债券的短差反而比股权的长差更加令人心力交瘁，因为债券业务往往需要在一个项目地尽职调查几天后立马赶往下一个项目地，从而使负责人员一直处于来回奔波的状态。"

"从出差的角度而言，ABS的工作强度是适中的。因为ABS本身更加偏重资产，对主体披露的重视程度不高。一般来说，每个ABS项目大概只需要出差一个星期，一是项目启动时需要前往发行人处，二是尽职调查时需要对资产开展两三天的尽职调查。"

涤生师兄这般丰富的实习经历属实难得。借此机会，我们结合许多学生抱怨在实习中什么都学不到的现状,向涤生师兄请教道:"在您如此长时间的实习中,是如何让自己产生'获得感'的呢?"

"最重要的一点是在实习中培养出对行业、岗位的感觉。我当初在券商甲实习时,历时8个月完整跟完一个IPO项目。经过这8个月的深度参与后,我对金融、对投行有了一点'感觉'。这种感觉并不仅是在项目上学到的具体内容,也包括对行业的整体认知。如果大家能在实习中培养出这种感觉,那么实习的目的便达成了,实习也就有了意义。在实习中,还要注意判断自己是否能够接受岗位的工作节奏。因为每个人的成长环境不同,性格、习惯也会存在诸多差异。通过实习来判断工作是否适合自己,是一种较为实际的方法。"

打破压力,成为投行"弄潮儿"

听完涤生师兄从零到一,从事投行ABS业务至今的经历,我们对ABS业务仍然是云里雾里,便请涤生师兄对此进行全面介绍。

"ABS与债券不同,它是一种基于未来能够产生稳定可预期现金流的基础资产,并以该现金流作为支撑而发行的证券。从理论上来说,所有未来能够产生稳定且可预期现金流的资产都可被证券化。比如,租赁债权,未来现金流来自承租人的还本付息。

"从项目周期来看,正常情况下,ABS的承做周期与债券大致相同,基本上两三个月内可以落地,如果遇上一些不成熟的项目,承做时间可能会再长一些。ABS项目的时间跨度远比股权项目小得多,一个IPO项目,即使进展顺利,一般也需要两年左右才能落地。

"从监管层面来看,ABS大致可以分为三大类。第一类由证监会和交易所主导；第二类由交易商协会主导，即非金融企业发行的资产支持票据ABN；第三类由银保监会和中国人民银行主导，是以信贷资产作为底层资产的CLO（贷款抵押债券）。这三大类在本质上没有太大区别，只是隶属于不同的监管机构，在后续申报的具体过程中，可能会存在一些申报上的差异。"

此外，涤生师兄告诉我们："当前ABS业务处于快速发展的过程中，新的基础资产类型不断涌现，从业人员在工作中可以保持新鲜感，同时对从业人员的学习能力也提出了很高的要求。比如，租赁债权类项目和收费权类项目，监管审核的要点差异较大，从业人员的过往项目经验不能照搬，需要不断学习。"

"ABS业务本质上是一种资管业务，不需要投行的承销保荐牌照★，目前ABS主要由投行承做的原因在于投行本身具有客户资源和资金渠道的优势。资管新规出台之后，信托与资管的非标业务不断收紧，转型迫在眉睫，ABS业务是主要的转型方向之一。预计在未来几年内，ABS会出现比较大的人才缺口，这对在校同学来说是一个好机会。"

知识小卡片

★ 承销保荐牌照

> 属于金融牌照，即金融机构经营许可证，是批准金融机构开展承销与保荐业务的正式文件。

"请问师兄，现在ABS市场的竞争格局如何，哪些券商比较有竞争力？"我们追问道，以便更加了解局势，为就业时更好地选择工作积累经验。

"竞争格局方面，不论是ABS方向，还是股权与债券方向，市场的马太效应都越来越明显，业务越来越向头部券商集中。现在ABS业务发展

第二部分　投行业务扫盲：做股、做债、ABS、量化投资指南

较好的还是中信、中信建投、平安证券等券商，ABS的各项排名都比较靠前。不过，我认为只看ABS业务规模的意义不大，大家在寻找工作时的首选仍是大型券商，大平台除了具有规范的培养机制外，在跳槽时还能给予足够的溢价★。"

> **知识小卡片**
> ★ 溢价
>
> 溢价是一个证券市场术语，指所支付的实际金额超过证券或股票的名目价值或面值。

"您能具体谈谈何谓'溢价'吗？"我们问道。

"一般而言，如果你在头部券商工作两年后跳到中型券商，可以给到VP职级，而如果一毕业就直接进入这家中型券商，大概需要四年才能升到同样的职级。反之，如果在中型券商工作两年后跳到头部券商，可能直接给你应届生的待遇。大家在以后选择工作的时候，如果有大平台的机会，一定要牢牢抓住。"

"您从业至今做了许多项目，能说说您印象中最深的项目吗？其中遇到最大的挑战是什么，最后又是如何解决的呢？"我们想多了解一些。

"其实每个项目对我而言都是不小的挑战。由于成熟项目大家都可以做，其利润十分有限，因此我们倾向于承做创新度较高的项目。项目的创新特性导致我们经常需要与监管进行沟通。比如，我们最近刚刚簿记★一个租赁债权的项目，监管规则要求底层入池资产★中不关联的企业必须超过十家，但是我们项目的发行人只有一家承租人，远远无法满足监管规定的十家承租人的要求。"

097

> **知识小卡片**
>
> ★ 簿记
>
> 簿记，包括填制凭证、登记账目、结算账目、编制报表等。
>
> ★ 底层入池资产
>
> 指资产证券化业务中的资产池里的底层资产。底层资产指的是现金及银行存款、货币市场工具、债券、理财直接融资工具、新增可投资资产、权益类资产等资产。

"那您是如何解决这个问题的呢？"听着涤生师兄的描述，我们心里那根弦顿时绷紧。

"这时只能从监管细则入手寻找突破口。我们发现政策文件中存在一些国家重点鼓励的产业，比如绿色能源，可以享受特殊政策。在随后与交易所的老师进行沟通时，我们引入了一些新兴战略产业、国家制造2025的概念，整个沟通过程比较成功。在征得交易所同意后，我们用单一承租人在交易所成功发行租赁ABS。"

说罢，涤生师兄望着我们紧张的神情，笑着补充了他对投行人在项目中定位的理解："对于项目过程中遇见的问题，解决问题的关键是投行人员。投行是整个项目的牵头机构，负责整个项目的推动与协调。如果用电脑来类比，投行是CPU（中央处理器），其他各个中介机构则是硬盘。比如，律师在法律知识方面的储备一般比投行从业人员丰富，我们不需要与其他中介机构比较专业知识，而是应当扮演牵头人的角色，能够协调律师、评级师、会计师，以解决项目过程中面临的问题。我们做好协调工作的前

第二部分 投行业务扫盲：做股、做债、ABS、量化投资指南

提是需要具备与中介机构进行有效交流的专业知识。我们不需要比律师更懂法律，比评级师更懂模型，比会计师更懂财务，但是我们需要了解法律、模型、财务的整体框架与基本概念，从而能够与中介机构进行对话，协调各方解决问题。这项能力十分重要，甚至可以说是我们的核心竞争力。"

听完涤生师兄对于上述几个问题的理解，我们的景仰之情油然而生，进而问道："您现在是同时负责承做和承揽工作吗？"

"是的，"涤生师兄答道，"我刚入行时的工作职责是承做，现在来到新的平台组建团队之后，也开始通过自己的渠道和以前积攒的资源做些承揽工作。

"投行工作本质上是一碗'青春饭'，诸如工作节奏快、强度高、加班多、压力大等因素，使得投行对年纪较大的从业人员不太友好。谈及投行未来的职业发展路径，涤生师兄表示，如果能够进入管理层，升到比较高的职级，能够调用一些资源，也可以长期干下去。不过，管理层的岗位数量有限，很多人也会转型做承揽。"

"针对进入投行工作的后辈如何进行未来的职业发展规划，您有没有什么比较好的建议呢？"我们问师兄。

"转型是绝大多数投行从业人员都将面临的问题。除了承揽和管理之外，还有两种比较常见的转型方式。第一类是转向中后台，比如后台的质控、风控；第二类是转去企业。一般而言，股权业务的承做人员跳槽去企业的机会更多。我有一位做股权的朋友，负责某企业的IPO项目，在项目过程中经常接触企业高管，企业高管十分认可他的能力，最终挖他去了企业。投行工作对个人能力的提升十分显著，投行人员的后续转行一般不会出现太大的问题，在某些领域可以说是比较抢手的。"

"转型中是否存在做债转向做股、做股转向做债的情形呢？"

"做债很少转向做股,但是做股转向做债的比较多,这主要是两类业务的核查深度不同所致。受到监管细则的影响,股权类的IPO项目需要对企业进行特别深入、仔细的核查,导致整个项目十分烦琐;债券类项目的核查要求则相对宽泛一些。这意味着从做股转向做债的速度往往更快,而从做债转向做股则会面临一个再学习的过程,时间成本较大,大家通常不会选择这样的转型。

"此外,从收入层面考虑,自我步入这个行业起,一般债券承做的收入比股权承做的收入高。"

访谈的最后,涤生师兄十分希望我们吸取他实习、工作的经验教训,绘制出属于自己的多彩人生画卷。作为过来人,他语重心长地向我们提出了一些建议:"如果决定要进入投行,一方面,作为承做人员,做事一定要靠谱,让领导省心。专业知识是每位员工应当具备的基本素养,大家的加分项反而是做好每件小事。同时,专业水平需要不断提升,坚持把CPA考试考完。另一方面,从学校跨度到工作单位,如何与领导相处也是一门学问。每位领导都有各自的风格,我认为大家不用刻意迎合每位领导的喜好,重要的是把自己该做的事情或者领导安排的工作做好。在此基础上,如果能站在领导的角度多换位思考,可能会产生事半功倍的效果。此外,切记越级汇报是大忌。如果工作出现问题,我们应该首先与直属领导沟通,千万不要为了表现、为了揽功,而越过直属领导向更高层的领导汇报情况。"

总　结

ABS作为固定收益证券的一种,与债券不同,它是一种基于未来能够产生稳定可预期现金流的基础资产，并以该现金流作为支撑而发行的证券。从理论上来说，所有未来能够产生稳定且可预期现金流的资产，都可被证券化。比如，租赁债权，未来现金流来自承租人的还本付息。

2017年时，ABS还是比较新兴的市场。2014年相关政策出台，2015年市场开始发展，2016年ABS市场的增量规模为几千亿元人民币，2017年之后，ABS市场的存量规模突破万亿元人民币。

从监管层面来看，ABS大致可以分为三大类。第一类由证监会和交易所主导；第二类由交易商协会主导，即非金融企业发行的资产支持票据ABN；第三类由银保监会和中国人民银行主导，是以信贷资产作为底层资产的CLO。这三大类ABS在本质上没有太大区别，只是隶属于不同的监管机构，在后续申报的具体过程中，可能会存在一些流程和规定上的差异。

作为一个投行人，我们不需要比律师更懂法律，比评级更懂模型，比会计师更懂财务，而是需要具备与中介机构进行有效交流的专业知识，即我们需要了解法律、模型、财务的整体框架与基本概念，从而能够与中介机构进行对话，协调各方解决问题。

快速问答

Q：涤生师兄，您能简单谈谈投行承做的瓶颈吗？

A： 我认为具体可以从年龄、机遇与能力三个方面展开。

首先，年龄。如果在大型券商，即使年龄偏大，但是只要愿意继续工作，公司一般也会给予较高的工资，因为公司能负担得起。在中小型券商则不同，因为对它们而言，雇用一位"高龄"员工的成本远远大于另找一位更加年轻的员工。

其次，机遇。如果市场比较平稳，那么老人不走，新人永远难以出头。如果新的风口出现，比如2015年左右公司债爆发，那么只要能够入场，新人就非常容易成长起来。等到大家选择工作的时候，机遇往往更加重要。所以我建议大家将眼光放长远，不要过于计较起步期的工资差异，谨慎选择工作。

最后，能力。身体素质、沟通能力甚至悟性，都可能会成为大家职业发展的瓶颈。

Q：对于即将准备就业的在校生，涤生师兄有没有推荐的行业或企业呢？

A：我倾向于推荐国资背景下风格比较稳健、风险可控的国企。原因有以下三点。

一是这类国企规模较大，发展的机会也比较多。

二是国资能够规范地组织开展业务，资源更多，业务量更大。

三是市场化竞争致使民企越来越难做，民企的稳定性不如国企。

Q：您认为对于正在实习的同学，在实习过程中，需要注意哪些问题呢？

A：首先态度积极，尽量让领导看到你积极的态度。

其次做事靠谱，领导交代的事，件件都要回应，千万不要出现事情交代之后，石沉大海的情况。更不要认为自己毕业于名校，就应该立刻负责高大上的工作。很多实习生在刚入职的时候，往往都要从一些基础性的工作开始。

再次执行力强，领导交代的任务，需要在规定的期限内保质保量完成。

最后注重细节，要学会从多个维度复核文件，对于一些财务数据等关键信息，要保证其准确性。

Q：应届生应该怎样准备才能进入投行呢？

A：应届生进入投行主要通过三个渠道。第一，通过日常实习留用，投行经常存在对实习生的需求；第二，通过秋招前的暑期实习直接留用；第三，通过校招进入投行，不过那时剩下的名额将非常少。应届生在秋招求职时，要注意以下几点。

第一，秋招当年的2月或3月，即可开始准备一份三个月的投行实习。投行对新人的要求是能够尽快上手，如果具备实习经验，在暑期实习和校招中会有先发优势。

第二，CPA通常是各大机构筛人的一个重要标准，一般至少需要通过CPA会计和财管两科考试，能通过司法考试是锦上添花。

第三，多与师兄师姐交流，争取内推留用。投行求职主要依靠暑期留用，从某种程度上讲，暑期可能比校招更重要。在暑期实习之前，最好要有一份日常实习，公司在暑期筛选简历时，会关注大家之前是否有过实习经历。

Q：您对于频繁跳槽的看法是什么呢？

A：许多求职者起初并不清楚自己到底适合什么工作，因此工作上一旦出现不如意，便会心灰意冷想要跳槽。其实，第一份工作很难与我们想象中完全一致，总会存在偏差。毕业后跳槽一定要慎重，在求职过程中，频繁离职是非常大的减分项。很多公司在招聘时会明确表示，不予考虑短时间内多次跳槽的求职者。因此，如果在一份工作中遇到不合心意的地方，可以再坚持一段时间，判断这个平台是否具备你看重的特质，再决定是否需要跳槽。最合适的跳槽节点则是工作两三年并且自己具备带团队的能力之后，那时再跳槽，不论职级还是薪酬都将有一个比较大的跃升。

本文编者：吴星星

本文校对：栾淋渝

REITs业务简介及前景展望

嘉宾经历

- 本期嘉宾本科毕业于四川某"985大学"数学经济专业,研究生毕业于全国某顶尖院校金融信息服务专业。
- 嘉宾的实习经历包含某中小型券商的金融市场部,涉及ABS业务。
- 嘉宾毕业后,工作内容先后涉及某中小型券商金融市场部ABS业务、某基金公司REITs业务。

2015年,黄蓉师姐从四川某"985大学"毕业来到全国前三的院校读硕士,从本科数学经济专业到硕士金融信息服务专业。回首一路,都在金融知识的海洋中沉浮。2018年,硕士毕业之前,她在某中小型券商的金融市场部做过ABS相关的实习,毕业后在该券商留用,放眼前夕,进入投行踏实工作。在该券商工作到2020年上半年,之后她跳槽到某基金公司工作至今,主要负责REITs业务,着眼今朝,继续挑战人生的新高度。

投行访谈录

扬帆：匹配岗位，选择未来航道

"在当下的社会背景，金融行业中的任何岗位工作都不会轻松，无论是一级市场的投行还是二级市场的投研或者其他，都需要我们投入大量的时间和精力。所以，选择进入金融行业就要做好相应的心理准备。"黄蓉师姐着重强调，"选择岗位时更应该关注哪些岗位与自己的需求、优势和偏好的匹配度更高。"

1. 选择"想过的生活"

黄蓉师姐看着我们迷惑的目光，进一步解释道："如何选择，要看你想过什么样的生活。因为工作占生活的很大一部分，所以选择什么样的工作，一定程度等价于你选择什么样的生活。所以，在选择岗位时，别人的建议可以参考，但做什么选择还是取决于你自己。"

听到这里，我们反而更加迷惑了，黄蓉师姐口中"想过的生活"又该如何寻找呢？

"寻找'想过的生活'，就要对金融业不同的岗位有所认识。除了常见的投行、投研，其实还有很多岗位，从机构角度可分为银行、信托、券商等，从市场角度可分一级市场、一级半市场*、二级市场，从岗位角度则有前台、中台、后台。了解不同的方向和岗位主要有两个方法，一是可以通过书本、网络这些公开信息去了解，二是可以通过和师长、同业的师兄师姐进行交流。"

第二部分 投行业务扫盲：做股、做债、ABS、量化投资指南

> **知识小卡片**
>
> ★ 一级半市场
>
> 发行市场叫一级市场，流通市场叫二级市场，一级半市场就是介于发行和流通的中间环节。过去因为有内部职工股，内幕人士在知道股票上市的确切消息后，到公司职工手中低价购买职工股，待上市后牟取暴利，随着内部职工股的消亡，一级半市场也逐渐消亡了，上柜股票买卖勉强可叫一级半市场。

举网以纲，千目皆张。黄蓉师姐格外强调在了解不同的方向和岗位时，关键一定要明白其经营模式。

"经营模式，简而言之就是搞清该岗位的盈利模式。从而明白这个赚钱的过程需要从业人员具有什么样的能力。"那么作为学生，要明白每个岗位需要从业者什么能力，最好的方法是通过实习。"我一直建议在校学生多实习，因为这个过程能直观地让你感受到工作中需要什么技能。对于大部分同学而言，实习是一种高效率、低成本的试错方式。同学们如果能去靠谱的机构，并在业务比较多的岗位实习，能帮助大家直观体会这个岗位。"

2.更加认识自己

"每个人的性格、优缺点不一样，偏好也不一样，要结合这些因素找到最适合自己的方向。"黄蓉师姐表示这些年来，她对投行也有了一定的了解，于是以投行为例，为我们分析如何将自我认知与岗位做匹配。

"**在证券承销体系下的投行工作，初级工作更倾向于卖方业务，我们主要协助企业进行融资，方式有股权、债券、ABS等。所以要对投资**

者负责，对公司做充分的尽职调查，然后在尽职调查的基础上进行充分的**信息披露和风险揭示**★。这个过程就要求从业者去开展尽职调查，去发现风险，然后进行充分的披露，并设计好该公司的融资方案。中级工作会涉及项目牵头协调、协助承揽；高级工作则主要是承揽。

> **知识小卡片**
>
> ★ 风险揭示
>
> 揭示出交易中存在的各类风险和投资者必须承担的风险。

"所以，投行整体上的专业能力包括基本的文字功底，法务、财务、金融等基础知识。除了专业能力以外，还需要从业者具有沟通、协调能力，在沟通协调方面对投行人员的要求是高于做研究员的。当然做研究员对沟通协调的能力要求也并不低，研究员也要和他的客户、公司的董秘等进行沟通。"

3. 确定入行REITs

黄蓉师姐先简单介绍了国内REITs市场，主要分为以下两种。

"第一种，**类REITs**。ABS分为信贷资产证券化、企业资产证券化、**资产支持票据**等方面，目前我在做的类REITs就是企业资产证券化下属的一种产品类型，它属于固收融资的大类。2014年年底，企业资产证券化实行备案制以来，企业证券化市场得到了快速的发展。而类REITs就是企业证券化当中的一种产品类型，其基础资产就是物业稳定经营的现金流。到2020年年底，国内类REITs大概发行了80多只产品，发行规模超1500亿元人民币。

"第二种，**公募REITs**。2020年4月30日，中国证监会、发改委发布了《关于推进基础设施领域不动产投资信托基金（REITs）试点相关工作的通知》，由此拉开了公募REITs的序幕。公募REITs是一种权益融资的产品（对比类REITs是在固收融资大类）。所以相比股权、IPO、债权等成熟的融资方式来说，公募REITs是一种新兴的融资品种。

"在目前国内降杠杆、盘活存量资产、丰富资本市场的融资工具的背景下，我个人看好公募REITs的发展。而企业ABS或者说REITs，都还算是创新的品种，所以比起投行其他方向，它的市场竞争和压力要更小，是值得尝试的方式。"说着，黄蓉师姐给出了应届生想做REITs需要做的准备。

"第一步，要弄明白REITs是什么。这项业务在国内的发展时间不长。国内的REITs和国外很不一样，美国、欧洲等REITs已经发展很多年了，而且这些地方REITs都是以权益融资方式进行的。而国内REITs还处在固收融资到权益融资的过渡阶段。大家现在看好REITs，其实是指看好公募REITs。所以第一步要对国内REITs市场有一个基本的认识。这里我向大家推荐一本书叫《中国REITs市场建设》，通过这本书可以对理论层面和国内外REITs现状有一个基本认识。

"第二步，投行对工作的普适要求在REITs中也是适用的。因为REITs从大类上讲属于资产证券化，也是投行的一个工种，是投行工作的一个分支。所以招人时，会计、法律、税务知识、文字功底、沟通协调这些投行要求的能力，在REITs这里也是同样要求的。

"第三步，拥有相关的实习经验。无论是债券还是股权等投行的实习经验，都还算可以。当然ABS的实习经验肯定更匹配。"

破浪：打破标签，挑战人生新高度

如今社会对女性的"考验"不小，有些观点认为女性不应去做投行这类压力大的岗位，而黄蓉师姐则是"反其道而行"。

1.无惧"考验"，打破女性固有标签

"对我来说，投行确实加班很多，但其实投行工作和其他很多工作一样有同质性。再者职业生涯是一个变化的过程，不是说毕业时选择了投行就要做一辈子投行。所以工作也好，生活也好，并不是完全固定的状态，随着年龄、阅历的增长，我相信我的工作和生活都会有变化和调整，不能一开始就限制自己，要留给自己一定的调整空间。"

我们十分敬佩黄蓉师姐豪爽的姿态，但是聊到女性在当下社会分工中，还是有很多的家庭责任。针对这一现状，黄蓉师姐则建议："还是应该在尽量获得家人的支持下，去做自己想做的事情。女性参与工作时，不单单是别人会产生些许顾虑，甚至自己也会担心能否很好地平衡家庭和工作。"

我们十分好奇："您是如何平衡家庭和工作的呢？"

"我是通过选择合适的工作方向来进行平衡。我们可以了解到，投行不同方向的工作，出差强度不一样。股权再融资、IPO等工作方向可能出差条件更艰苦一点，因为那些容易上市的公司已经上市了，现在做的项目很大一部分在偏远的地方。而且股权项目战线长，一去可能就是两三个月。

"但在债券、ABS这一块，它的出差情况要好些。一方面，出差环境更好些，比如REITs，大部分都是做商业物业，都处于一二线城市或经济发达的省会。另一方面，出差时间没那么长，普遍就是阶段性工作，进行短期出差，不像IPO那样要长期驻场。总体来说，REITs出差的频率和时长都比股权好很多，这也是我当时选择这个方向的原因之一。"

2.深耕REITs，发挥自身无限可能

"在工作中，虽然我们会遇到一些困难，但是更多的还是看我们想做什么，如果我们真的对这方面感兴趣，是可以去尝试的，不用给自己如此多的束缚和压力。

"其实，很多所谓的困难都是我们自己想象出来的，真的到了那一步也没有那么难。"

黄蓉师姐具体描述了她的项目，主要分为以下三部分。

"第一部分是执行的项目，从内部的立项、内核到报监管，并拿到交易所无异议函和销售阶段。这是一个项目的核心，也是花费精力最多的阶段。这一部分如果是集中答反馈的阶段，那么会有加班的情况。

"第二部分是协助承揽，主要是见客户、出方案、解答客户疑问。这个部分的工作大部分集中在工作日完成。

"第三部分是有很多研究工作，因为REITs是相对创新的品种。这部分工作强度还好，主要是在工作之余完成。

"所以我的一般状态都是'996'。具体的工作强度也是随着项目的进程而有所不同。如果赶上项目申报，会更忙一些。"

黄蓉师姐话里的轻松、乐观与自信，让我们看到了她身躯里蕴含的巨大能量，不设限的人生，无限可能。

采访的最后，黄蓉师姐建议我们要多珍惜和享受如今的学生时代，像朋友的聚会、旅行这些活动都可以多参加。因为工作之后，这种大把的自由时间会少很多，这些都是很美好的回忆。

总　结

在证券承销体系下的投行工作，初级工作更倾向于卖方业务，要求从业者更好地开展尽职调查，去发现风险，然后进行充分的披露，并设计好该公司的融资方案。中级工作会涉及项目牵头协调、协助承揽。高级工作则主要是承揽。

如今国内的REITs市场，主要分为以下两种。一种是包含信贷资产证券化、企业资产证券化、资产支持票据等方面的ABS；另一种则是较为新型的融资品种——公募REITs，它是在2020年4月30日中国证监会、发改委发布了《关于推进基础设施领域不动产投资信托基金（REITs）试点相关工作的通知》后才开始逐渐兴盛起来的。

目前，国内总体背景是降杠杆、盘活存量资产、丰富资本市场的融资工具。所以作为一种较为创新的品种，REITs的发展前景不错。

快速问答

Q：硕士阶段您一共有几份实习呢？

A：我最后一份实习是关于ABS的，在这之前股权投行、债券投行也都尝试过。我每段的实习时间都比较长，均在三个月以上。当然也有些零零碎碎的三个月以下的实习，这种都是在早期的沟通、尝试阶段发现自己不适合这个方向，就选择了放弃。总体来说，我的实习经历主要集中在投行这一块。

我也鼓励学弟学妹们实习时长超过三个月。因为实习时长太短的话，难以和同事磨合，也难以接触核心的工作，对这个方向的理解就会比较浅显，不利于我们的职业规划。所以我建议大家确定方向后，去做一些深入的、持续时间长的实习。

Q：您是怎么应对高强度的工作的？

A：第一，要注意锻炼身体，身体是很重要的，我坚持一周两次跑步或游泳。第二，可以通过一些社交解压，比如和朋友聚餐、活动，这也是放松的一种方式。

本文编者：杜鹏远

本文校对：邓博文

量化投资技能在投行中的运用

嘉宾经历

- 本期嘉宾本科就读于某高校计算机专业,研究生毕业北京某顶尖院校。
- 嘉宾的实习经历包含某私募量化投资,从事某投行、某公募基金量化交易岗。
- 嘉宾毕业后,就职于某国有大型理财子公司,被总经理特批进入前台投资部门,从事FOF研究。

"我虽不在江湖,但江湖上一直有我的传说。"这句话就是宇弦的真实写照。自入学到毕业走向工作岗位,宇弦留给大家的一直是一抹"身怀绝技、飞檐走壁"量化大侠的背影。在学院上学时,她获奖无数,无论是国家级奖学金,还是与量化相关的北京市级、国家级挑战杯,都被宇弦收入囊中;在投行实习时,她以一当十,用半天写的程序完成了十个实习生一个月的工作;秋招求职,她化身"录取通知收割机",手握多个大企邀约……今天与宇弦的访谈,将为我们展示她是如何一步步"生根""发芽"与"结果"的。

生根：目标明确，追求卓越

在很多学生仍沉浸在开学的喜悦与新奇的研究生生活时，宇弦已经明确了自己的就业方向：量化投资。问及为何有这样坚定的选择，她展示出了一名量化投资从业者的基本素养，逻辑清晰地答道："从客观上来讲，基于我本科计算机的学历背景，在金融领域最适合的工作就是量化。而在主观上，是我内心对编程的享受。这种享受体现在硕士期间我在学习数据模型和R语言等课程之时，学习成绩名列前茅，而且我在学习的过程中也是游刃有余。尤其是与其他同学编程时的吃力相比，我既享受敲代码的过程，又常常能获得完成项目后的成就感。"

宇弦话里话外展露出的自信与力量，让我们备受激励。不过，她也表示："最初确定量化投资职业方向并不代表之后的路途中没有过犹豫与坎坷。其中，有实习时遇到的技术挑战、大神和大佬们的碾轧、投行工作非比寻常的压力等，这些给我带来了很大的心理冲击。"

不过她也正是在一次次风浪中获得了加码的勇气，在一次次进步中全方位打磨本领，在一次次选择中更明辨内心的梦想，才书写出了我们所看到的宇弦的传奇故事。

谈到在这个过程中做出的选择，宇弦表示："如果能重来，我还是会选择原来的道路。"这也让我们看到了她身上的一个十分明显的特点：不做让自己后悔的事情。

"正是这种'不让自己后悔'的念头，让我硕士生活的每一天都不虚度、不懈怠，让我的每一分努力都目标明确、遵循既定的道路。

"研一时我的主旋律是在校学习，夯实基础、修炼内功。一分耕耘，一分收获，这段时间我顺利拿下了国家奖学金。我在研二时则主要自学了Python*，提升代码能力。"

> **知识小卡片**
> ★ Python
> 一种面向对象的编程语言，提供了高效的高级数据结构。Python丰富的标准库，提供了适用于各个主要系统平台的源码或机器码。

我们深知要想提升代码能力，远非宇弦言语中那般轻松，我们向她请教了自学的方法。"我在自学Python时采取的方法是'遍历'。一是把Python的基础知识和量化投资所涉及的模型全部认真学会。二是将市面上大部分与Python有关的书籍买回来，认真对每一本书中的每一个例子的代码反复练习。三是在打好基础后，继续深入学习其他细分领域。比如，机器学习的基本知识比较熟悉后，就可以投身于量化投资的量化模型的学习，而我对这些细分领域的代码也全部练习过。尽管学习Python的过程可能会很枯燥且会遇到很多困难，但是这段时间打下坚实的编码能力基础作用却是至关重要的。所以在后来的工作中，上级安排我实现某个功能，我基本上都能很快完成。"听完她对自学方法的介绍，我们深深地感受到了成功都不是偶然的，正所谓"台上一分钟，台下十年功"。

"除了在学习方面的安排之外，我也在量化投资方面进行了实践。诸如我在量化方向的挑战杯或北京市市级、国家级的比赛等，都取得了不错的成绩。"

我们不禁感叹，原来优秀真的是一种习惯！

第二部分　投行业务扫盲：做股、做债、ABS、量化投资指南

发芽：厚积薄发，一鸣惊人

就像闭关修炼完成的大侠，在打下坚实的基础后，宇弦传奇实习生的故事就此拉开了序幕。

宇弦的第二份实习选择了一家投行。在处理一些基础工作时，她发现很多时候大家仍然是用最原始的人工处理方法。"我当时是在投行做研究，发现同事在搜索关联交易时采用的是很原始的方法——在 Excel 里逐一地查找公司名称，这种逐条搜索的效率非常低。"发现这个问题之后，她想到了她的第一份实习，"当时我是在私募基金做量化投资相关工作，由此接触了业界中一些先进的模型和代码知识，再加上前两年所积累的良好的 Python 素养，让我开始用编程的思维模式来思考这个问题的解决办法。在确定这些基础的工作其实都可以用编程解决后，我迅速形成解决方案——由团队购买一个数据库，然后由我做一个 API[*]接入数据库，这样可以简化很多工作流程。随后，我将这个方案汇报给了领导，领导欣然同意。在方案落地后，很多查找、匹配的工作，比如查找关联交易，包括交易的金额等数据，都可以通过我编写的程序一键生成，并迅速导出结果。"

知识小卡片

★ API

应用程序接口（Application Programming Interface），又被称为应用编程接口，是软件系统不同组成部分衔接的约定。由于近年来软件的规模日益庞大，常常需要把复杂的系统划分成小的组成部分，编程接口的设计十分重要。程序设计的实践中，编程接口的设计要使软件系统的职责得到合理

> 划分。良好的接口设计可以降低系统各部分的相互依赖，提高组成单元的内聚性，降低组成单元间的耦合程度，从而提高系统的维护性和扩展性。

从与宇弦的沟通中我们得知，这件事使得领导对她的工作评价很高，在之后的日子里又给了她一些小项目来"施展拳脚"。

"之后领导让我负责核对银行的账目或者其他数据的校对，在基本上理解了领导的需求后，厘清需要对哪些数据进行计算和匹配，我就开始写程序，一般几天就能完成。程序完成后，一键就可以完成别人需要花费很长时间的工作，帮投行节省了大量的人力和时间成本。"这"以一当十"的工作能力，让我们十分敬佩。

宇弦的另一个"奇"，则是在实习时就为公司创造了约21%的收益。说到这里，她急忙谦虚地和我们说，这个成绩只是"还好"，其对自己的高要求可见一斑。随后，宇弦向我们简单讲解了其中的"门道"："当时我是在公募基金*实习，公募基金风格与私募基金有一定差异，私募是效益优先，而公募对收益的追求没那么高，不会像私募那样追求一年翻几倍这种目标，而是更偏向制度化。我在实习期的主要工作是复现研报里的择时策略，当时收益能超过27%，去掉手续费后也能有约21%的收益，在这家公募我度过了大约一年时光。"

知识小卡片

★ 公募基金

指以公开方式向社会公众投资者募集资金并以证券为主要投资对象的证券投资基金。公募基金是以大众传播手段招募，发起人集合公众资金设立投资基金，进行证券投资。

结果：轻松秋招，成为唯一

对于技能点满满的宇弦来说，秋招十分轻松地拿到了许多满意的企业邀约，让我们十分羡慕。"您这种与'最难求职季'相反的轻松，是如何修炼出的呢？"

"主要是有三个方面的原因吧。一是来源于我有着较为丰富的实习经历与突出的学历背景；二是学生干部、国奖、自己开公司等经历的加分；三是优异的Python编程能力。"在这三个方面的助力之下，宇弦能过五关斩六将拿到录取通知也就不出意料了。

"既然当初在投行做出了一些成绩，也得到了领导的赏识，您为什么没有在自己最初发光的地方继续工作呢？"我们听过她这一路的故事，不禁好奇起来。

"就像我入学开始时果断定下的未来职业路一样，我依旧果断选择放弃'金光闪闪'的投行工作，不忘初心，选择从事量化投资。"宇弦坚定地说道，"对于这个选择我也是综合考虑了工作的强度与自己身体的情况而做出的。其实我也建议大家在选择职业时，务必从每个人自身的情况出发，切忌人云亦云，毕竟适合自己的才是最好的。"

最终，宇弦接受了一家国有大行理财子公司抛出的橄榄枝。入职后被总经理特批到前台业务部门，成为公司唯一直接聘用到前台投资部门管理资产的应届生。宇弦笑着说："可能除了实力，也有一些运气的因素吧。"

从访谈中，我们看到了宇弦在量化投资之路上发展的缩影，也深知三言两语中难以将她这一路走来的汗水与努力描绘清晰。成为唯一到公司前台投资部门管理资产的应届生,这是宇弦学生生涯传奇的终点,同时也是她未来量化投资路的新起点。对于未来的远景职业规划,宇弦用她一贯干练的风格做了概述:"总体来说,是提升各方面的能力。这是一个必需的过程,一是编码能力,这是基本的,可以说量化能力就是编码能力;二是对市场的判断、对宏观经济政策的解读、对一些微观公司的研究,这三个提升也是必不可少的;三是在大资管的背景下,明确发展道路后,持之以恒往下走的信心与决心。"

总　结

目前,大家普遍不是特别看好量化投资,但是这并不意味着量化投资没有空间。

虽然市场上的主流是在做主动投资,如FOF(Fund of Funds)基金*研究等,但其中很大一部分都是数据与大规模计算,完全可以通过代码的方式、量化的方式来进行处理,完成Excel等办公软件实现不了的功能。所以,以量化为辅助,以主动投资为基本,把两者结合起来,就可以在这个市场上开辟新的天地。

> **知识小卡片**
>
> ★ FOF基金
>
> 基金中的基金,它通过专业机构对基金进行筛选,帮助投资者优化基金投资效果。与开放式基金最大的区别在于母基金中的基金是以基金为投资标的,而开放式基金是以股票、债券等有价证券为投资标的。

现在宇弦在做的FOF研究，就是通过量化模型整体对基金和基金经理以及基金公司进行非常严格的评价，再通过模型和数据全方位、立体化展示出来，最后根据量化模型判断的结果来给主动投资提供坚实、可靠、客观的依据。

快速问答

Q：您能比较一下量化投资和传统主动管理的区别吗，这二者在从业时又应该如何选择呢？

A： 其实从业时，不在于选择量化投资还是传统主动管理（亦称积极管理，是指债券投资者力求通过对市场利率变化的总趋势的预测分析，选择恰当的市场时机调整自己的投资组合，达到风险最小而收益极大化），而在于选择不同性质的公司，这会带来不同的收入上限。

因为不论主动管理还是量化投资，都只是手段。只要赚钱多，收益自然就高。比如，银行理财属于国有理财投资，在金融界是"金主"的地位，站在了金字塔尖，而收入情况属于国企央企性质，相对收入是最低的。所以不管是量化还是主动，在银行系资管里的社会地位很高，收入情况却最低。再如，基金公司、公募基金公司有量化，有绝对收益量化对冲，也有主动管理，收入在这时就取决于个人能力了，完全和绩效挂钩。这意味着只要你做得好，年化收益能达到百分之十几，远超其他人的百分之几，年薪就可以达到几百万元乃至几千万元。

所以，工作收入其实是和自身管理的规模成正比的，量化和主动在此就没有任何区别了。而现在所说二者的差别，是指百分之七八十的从业者采取主动管理，其余百分之二三十是量化投资，但是这两者的上限和天花板相差不多，只要管得好，哪种方式都可以。

最后，各类公司的选择会有如下的区别。券商偏一级市场一些，收益相对比较稳定且比较高。私募基金非常灵活，直接拍板给你报酬，如果你给公司赚了10个亿，公司可能直接就会给你5000万元，甚至1亿元。所以私募基金的天花板是最高的，但难度也是最大的。难度体现在如果干不好、亏钱了，会直接出局；而要是赚大钱了，收入则直线上升，是爆发式增长的。综合来说，在选择时如果希望一两年内实现财富自由，同时自身能力也很强，可以选择私募基金；如果要求生活稳定与社会地位，同时各方面资源比较充足，可以选择国企；如果既要享有一定保障，也想多赚钱，又希望有竞争力，可以选择公募基金。

Q：能谈谈您对量化投资前景的看法吗？

A： 其实大家都不是特别看好国内的量化投资，这是由于国内的环境更适合于主动投资，但是这并不意味着量化投资没有空间。建议大家好好学习Python编程，它可以给学习、生活以及工作带来非常大的便利，例如我的编程能力就为我的日常工作提高了效率。现在大家虽然是在做主动投资，如FOF基金研究等，但其中很大部分都是数据与大规模计算，完全可以通过代码的方式、量化的方式来进行处理，完成Excel实现不了的功能。所以，以量化为辅助，以主动投资为基本，把两者结合起来，就可以在这个市场中所向披靡了。

Q：银行理财子公司、公募基金、私募基金、券商的量化部门或者量化团队的工作要求有什么不一样吗？或者说他们的工作侧重点有什么不一样吗？

A：其实区别不大。我在工作时会和头部基金投资部门、券商自营基金（券商将自有资金投资在金融市场中，一般都要求基金经理不能亏损）研究、保险资管等投资经理交流。比如，我们会聚在一起商讨关于FOF基金评价体系应该如何构建的问题，交流中发现大家的侧重点与目标都是做好投资管理。区别只是体现在资金量规模、银行系规模过万亿，其他的则没有什么区别。

Q：作为应届生，如果没有计算机专业学位，编码能力也不强，还可以从事量化投资行业吗？

A：可以的，编码能力只会让你如虎添翼，没有也没关系。但是如果编码能力完善，并且具备快速完成上亿资金大项目的能力，会对之后的投资有非常大的帮助，这会让你在找工作时，甚至之后工作中投资时，比他人容易很多。而不是计算机专业也并不代表编码能力差，这主要取决于你肯不肯闭关修炼，认真学相关知识。当然，如果你不下狠心，什么都不学，入行的概率就会很低。

本文编者：栾淋渝

本文校对：罗一飞

第三部分
如何进入投行：求职和转行必备

如何进入投行：求职及准备

投行成长路径指南

头部投行实习的工作内容与注意事项

投行项目阶段简介与入职头部投行的得失

投行IPO业务实习攻略及如何规划

头部券商投行的挑战和机遇

从审计到投行的转型启示

如何进入投行：求职及准备

> **嘉宾经历**
>
> - 本期嘉宾本科就读于某"985高校"化工专业，研究生就读于北京某顶尖院校，主修金融科技方向。
> - 嘉宾在跨专业转型过程中，以考证、储备专业知识作为切入点，成功争取到某知名券商投行部的实习机会。

一个阳光明媚的周六，小伙伴们都暂时卸下一周工作和学习的疲惫开始了周末的休息，而李晨师兄仍在为备战下个月的投行面试而忙碌着。晚饭过后，李晨忙里偷闲接受了我们的采访。

初出茅庐，期待与艰难并存

李晨正在读研究生的第二年，由于他在过去的一年多时间里专注于学业和科研，所以一直没有进行实习，这即将是李晨第一次步入工作岗位。为了更加充分地迎接即将到来的机遇和挑战，李晨专注地进行了准备。

我们非常好奇李晨师兄的经历，为什么第一份实习会选择投行。

师兄笑了笑，开始了他的讲述："那我从考研开始讲起吧，我本科是某'985高校'的化工专业，不是金融科班出身。至于当初选择化工的理由也有一定的随机性，高考完，直到报志愿的前一天我还在打游戏，我感觉这个学校的化工专业还不错就填报了志愿，所以其实当时我也不是完全出于兴趣的偏好而做出的选择。

"在上大学期间，我可以说是玩了三年，到了大三的时候准备考研，我原本还是准备报考化工专业的，而且已经准备了两三个月。后来有一次机缘巧合跟一个朋友聊天，他给我讲了区块链的一些内容，从那个时候我才开始了解金融方面的知识，也对金融产生了兴趣，所以就在复习考研的半路转换了方向。我自己在金融方面基础比较差，只略懂微观经济学和宏观经济学的知识，相比于本科金融出身的同学或者辅修过金融双学位的同学还是存在一定的劣势。但我的性格较为踏实，疫情期间静心学习，复试准备得比较认真，加上初试成绩还不错，最后很幸运地考进了目标院校。

"上了研究生之后，我也很幸运地选到了一位优秀、尽责的老师做导师。在导师双选环节的时候还出现了一个小插曲，当时的助教学长在留老师信息的时候误把邮箱写错了，导致第一天没有同学选到老师，把邮箱修改正确已经是第二天了，这个时候大部分同学因为没有得到老师的回应，就转去选其他导师，而我因坚持等待老师的回复才没有错过。所以我也非常幸运，如果没有这个小插曲，老师可能也不会选择我，我认为这也是我跟老师的一种缘分。"

众人听完之后都笑了。我们接着问道："师兄是跨专业考研，研究生的学习和科研会不会有很大压力呢？"

"从理工科跨考到社科类专业，我也感觉到自己的思维方式还是固化在原来的工科思维里，这种思维方式的转变是比较困难的。一开始，我也不太适应，甚至上课时想要理解老师讲授的知识都非常吃力，所以研一期间，我一直在调整自己构建一种新的思维方式。到了研二上学期，我考取了证券从业资格证，还考取了CPA。因为之前有老师的引导，包括也跟一些师兄做过访谈，初步了解了投行的工作内容以及工作状态，觉得这是一个挑战自己的机会，所以想尝试进入这个行业。目前，我在准备一个券商的面试，面试难度较大，所以最近在集中准备。我的经历大致就是这样。"

一年前，李晨也如同现在的我们一样，对未来既感到憧憬又有些模糊。听到李晨在一年多的时间里渐渐明确了自己的目标，在为李晨感到开心的同时，我们心中也产生了一丝紧迫感，期望从李晨的成长经历中获得启发。

我们中的小伙伴迫不及待地问道："您在学院学习的这一年多时间里，从不清楚自己的职业方向到心中的追求逐渐明朗，您认为对个人成长助益最大的是什么呢？"

李晨似乎看穿了我们心中的焦急，"从个人来讲，我的导师对我的成长帮助很大，对师门的其他同学也是一样。他不单单是作为导师指导我们写篇论文，做出一些学术成果，老师从身体素质、专业技能、为人处世多个方面综合对我们进行指导，包括会组织大家晨练，一起打球，因为从事投行工作最根本的就是要有一个好的身体，身体是革命的本钱，这一点我感觉是最有帮助的。就像这两天我开始处理一些前辈交办的工作，有时候上午9点多前辈把任务交给了我，12点就要回复，有些工作任务非常紧急。所以当你长时间伏案工作，从生理上就会觉得自己的状态在下滑，脑子都是蒙的，尤其当这个任务是晚上派来的时候，熬夜做到最后仿佛脑子都不转了，所以身体素质是很重要的。你们现阶段也要经常做一些体育锻炼，适当的运动可以让人保持头脑清醒,这是第一点。

"老师也经常会教我们一些做人做事的细节,如果说在学生时期还没感受到这些细节的重要性,我在走上工作岗位后就真正认识到,细节对一个人工作能力的加持作用。如果大家以后要从事投行工作的话,也会有比较深刻的体会。比如,Word文件的格式,打错一个标点符号或者是正文字体的大小格式不统一,犯这些错误都是会被领导批评的,因为这种低级错误会让领导对你产生不靠谱或不细心的印象,是很不值得的。投行这个行业对细节很注重,所以在学校期间老师会提前培养大家处理细节的能力,经常会要求得非常细致,就是为了避免大家在走上工作岗位后吃粗心的亏,这是第二点。

"第三点,CPA还是要考的,财务和会计的知识对做投行工作还是非常有帮助的。可能在一开始工作的时候,仅仅会用Office软件就可以了,但发展到后面,还是要用到这些成体系的会计和财务知识。大概就这三点。"

我们问起是什么因素促使他决定从事一级市场的工作,李晨表示他跟大多数人一样,在研一的时候也非常迷茫,对职业方向不是很清楚。李晨说:"一年前的我,完全是一个金融'小白',很渴望聆听其他人分享他们进入投行后的故事和经验,期待自己能从中有些收获。我在进行了一些一级访谈之后,对投行是做什么业务,是什么样的工作状态才有了大致的概念。

"对于一级市场、二级市场和考选调生这三条路,我当时也没有很明确的方向,所以做了一个排除法。老师也帮我进行了分析,首先把考选调生这条路排除了,原因是我从理工科跨考到金融专业,克服了很多困难,也让自己有了一个思维上的转变。如果就是为了考选调生,其实大可以考一个本科院校的化工专业研究生，完全没有必要大费周章考到这里。

"对于一级市场和二级市场的选择，就是基于个人的性格了。在我的理解，**二级市场主要基于行业和公司去研究和分析未来的一些趋势和看法**，可能我还是有些受制于理工科的思维，相对比较理性、严谨、讲究逻辑，觉得未来的事情还没有发生，很难相对准确地做出判断。另外，通过和从事一级行业的师兄进行交流，一级市场是一个很讲究低头做事，注重细节的工作，相对来说比较适合我，所以我就选择了一级市场作为我的职业发展方向。"

从对投行产生兴趣到进一步了解投行工作状态，再到最后决定走投行这条路，李晨就像利用经验帖"打怪升级"一样，层层通关。

全心备战，立志躬行

明确了自己的职业发展定位后，李晨为达成自己的目标也进行了短、中、长期的规划，并跟我们进行了细致的分享。

"CPA会计和证券从业这两部分我已经考过了，那么我下一步的动作就是专注于投行的面试。根据已经走上工作岗位的师兄们的经验，投行面试时提出的问题会比较细致，并且一般分为三部分。第一是你的专业知识，像财务方面、会计方面的基础知识，比如像我考过会计，公司会期望我在进入实际的工作岗位之前能具备一些实操上的技能。例如，公司某一年的销售商品、提供劳务收到的现金金额低于营业收入，意味着公司发生了什么？面试官会问一系列这种偏实务的问题。第二是你简历中体现出的之前实习的部分，比如面试官会针对你的实习经历，让你描述在项目执行过程中承担了哪些任务，担任了什么角色，遇到了什么样的问题以及你应对这些问题的解决方案，或者说你简历上写曾走访了某一位客户，面试官可能就会问在你进行客户走访之前会做什么准备工作，提纲都包括哪些方面。第三是对办公软件和万得使用的熟练程度，面试官可能会精细地问到Office软件的某一项操作的快捷键是什么。之所以会问得这么细，也是因为这些问题从某种程度上能够体现你的工作效率。所以准备加入投行的朋友需要在面试前做好充分的准备。

"结合我个人情况，我的实习经历不是很多，所以综合自己的优劣势，按照这三部分，着重从实务角度熟悉财务方面的应用，另外尽量提升自己对PPT和万得的使用熟练程度。"

在采访前，我们就了解到李晨为了以最好的状态取得这份工作，在面试和工作前期的准备上都投入了巨大的精力充实自己，李晨也跟我们聊到了这一点。

"现在的我处于一个熟悉投行业务的阶段，我向公司的前辈请教过一些问题，对投行实习生的日常工作内容和常用的查阅资料的网站（如见微数据、荣大二郎神、春晖投行在线等）都有了一定的了解。此外，前辈也强调了Office软件的使用技能的重要性，可能有些工作不是很难，但投行的工作是讲究效率的，如果能在有限的时间接触更多的项目，成长的速度也会大大提高。所以从某种意义上讲，这些基本技能的熟练程度也决定了你在岗位上进步的速度。"

一万个人心中有一万个哈姆雷特，在聆听前辈们分享的自己对投行的不同看法和工作方式时，由于出发点和业务种类的差异，每一个前辈讲的都不尽相同。李晨在自己真正走上投行岗位后，发现过去从前辈的讲述中了解到的投行只是管中窥豹，也跟我们分享了他的见解。"我认为投行有百态，还是因人而异的。不同的项目组具备不同的特点，像有的项目组就不倡议那种连轴转的熬夜，比较讲究人是可持续发展的理念，这种项目组的特点就是在工作时间里百分之百地投入、要求高效率的产出，该休整的时候也要好好休整，第二天再以饱满的状态迎接新一天的工作。

"当然也存在很多24小时待命的项目组，这种工作风格就很考验身体素质，我觉得大家也要辩证地看待这一点。像我实习之后，跟他们的感受可能也有所不同。每个人的实际情况是有差异的，我想其实还是需要从每个人的经验里汲取自己觉得适合的部分吧。"

在几年前，对于很多大学生来说，实习是一件临近毕业才开始考虑的事情，但面对近几年就业市场的激烈竞争，金融圈也越来越"卷"，给同学们带来了强烈的就业焦虑感，本着通过多尝试来探索自己职业偏好的想法，大家的实习越来越"低龄化"。我们也跟李晨请教了这个问题。

李晨坦言说："这是当时我在你们这个阶段也非常纠结的问题，因为老师是不倡导过早去实习的，老师的育人理念是通过一年到两年的时间，集中打好专业课、个人素养等人才培养的基础。一段时间内专注于做一件事才能把事情做好，未来也会有更多的选择，同时也有利于个人的长远发展。

"但是也存在一个问题，按照老师的建议，临近毕业再实习就不会有太多的试错机会，没有太多的时间让你一份一份地找不同方向的实习工作，去'试'你的偏好和擅长的点。我觉得频繁地实习也是一件非常消耗精力的事情，努力要建立在正确选择的基础上，才能够事半功倍。所以在研一这段时间里要多跟前辈交流，了解他们的工作状态和工作性质，从而对自己是否喜欢这个工作产生一个大致的感觉，最终确定自己的方向和定位，这是非常重要的。我当时就是和一些师兄交流了很多，从而确定了投行这条道路。"

李晨坦言现在的他对即将到来的投行生活充满期待，去钻研财务报表以发现公司的一些状况，根据现状分析和推测公司背后存在的问题，这样的工作内容让他觉得十分有趣。当然，随之而来的繁重工作和不规律的生活作息，也是对身体素质的一种挑战。"我很期待一年之后的我，现阶段先以把基础工作做扎实为抓手，希望自己逐渐成长为一个对业务有更深入理解的人，在这个行业中深耕。"

总　结

对于一级市场和二级市场的选择，还是要结合个人的性格来选择。二级市场主要是基于行业和公司研究和分析未来的一些趋势和看法。一级市场则是一个讲究低头做事，注重细节的工作。

投行面试时提出的问题会比较细致，并且一般分为三部分。第一是专业知识，第二是实习经历，第三是对办公软件和万得的熟练程度。此外，CPA还是要考的，财务和会计的知识对做投行工作还是非常有帮助的。

快速问答

Q：以您现在所处的阶段，对那些刚读研的同学或者想进入投行工作的同学，有什么建议吗？

A：如果想进入投行工作的话，建议大家准备一下CPA，增加自己在会计和财务方面的知识。还有保荐代表人的考试也可以了解一下，保代的内容是一些时下的法规，可能会很枯燥，但是会很有用。万得软件的使用可以熟悉一下，去了解里边都有些什么内容。另外，还有司法考试，虽然它对于从事投行工作的帮助没有CPA那么直接，但是可以锦上添花。

Q：因为您是跨专业从事金融行业，从过去您对金融行业一点都不懂到现在建立了自己的认知和理解，您最大的转变是什么？能为跨行业的人提供一些思路吗？

A：我觉得很重要的一个转变就是与人沟通的能力有进步了。之前在理工科学习时，可能只需要我们闷头做实验就可以了，但是金融的工作，是一个和人打交道的职业。所以，与领导、客户，包括同事的沟通能力和言行举止的细节就变得很重要。虽然我感觉自己比之前已经进步了很多，但还是远远不够，未来无论是在生活中，还是工作中，都要提醒自己多加磨砺，更上一层楼。

本文编者：刘丹蕾

本文校对：马　圆

投行成长路径指南

嘉宾经历

- 本期嘉宾研究生毕业于北京某顶尖院校。
- 嘉宾先于某头部券商研究部实习,但因感觉与预期有差异,后选择进入某中型券商的投资部实习。
- 嘉宾毕业后从事投行工作至今,主要负责股权业务。

在一个深秋的晚上,我们顺利邀请到燕小六师兄以线上视频的方式接受了我们的访谈。

师兄已从业五年,实习期间尝试了二级市场研究员的工作,但感觉与预期有差异,成就感不强烈,其后前往某中型券商投资部实习,并在毕业后加入该公司的投行部,从事投行相关业务至今。采访期间,师兄所负责项目的全面尽职调查和问询回复工作刚刚完成,材料正在等待提交,因此有时间与我们进行沟通交流。

第三部分　如何进入投行：求职和转行必备

阴差阳错，迈入投行

"我研究生的学制原本是三年，不过申请了两年半提前毕业。我在研究生的第一年以课业为主，打好基础，之后便开始实习。我做过两份时间比较长的实习，一是某头部券商的研究部，二是某公司的投资部。实习期间后者收购了一家证券公司，业务扩大，成立券商，因此我申请了提前毕业，加入其中。工作两年后，我随团队一起跳槽到了另一家证券公司，并一直做到现在，一直从事投行相关的业务。"

提起职业选择之路，燕小六师兄表示有些"阴差阳错"。"我之前主要是通过一位师兄了解到投行，当时对投行产生了非常浓厚的兴趣。至于最初为什么没去投行实习，是因为没有收到令自己满意的录取通知，所以就选择了平台比较好的通信组做行研。我当时在研究部实习的主要工作是帮研究员收集、整理文件和数据，一般是在办公室通过网络查询公开资料。由于没有与企业直接接触，感受不到身临其境的快乐。因此，参与感较低，工作热情不高。工作三个月后，我觉得自己不太适合卖方研究员的工作。当时正好有位同学向我介绍他投资部的实习，机会难得，我就去实习了五个多月。实习即将结束时，我又恰巧碰上公司正在成立券商，于是没再找实习，而是提前毕业留在公司投行部工作。"

燕小六师兄坦言，他在没毕业之前，一心想去投行。反而是从事了投行工作后，才逐步了解到金融业的其他板块。如果能够重新来一次，他也许不会选择提前毕业，而是在工作前更多地了解各类金融业务，再更为充分地准备就业。

投行访谈录

至于后续跳槽的经历，师兄表示有些无奈。公司最初的主要业务是一级市场投资，2014年年末取得了证券牌照，并逐步申请取得全牌照。发展初期，公司对外招聘了很多投行团队，规模比较庞大，但是由于出身投资，对投行缺乏经验，同时受资本市场政策变化和股权融资等问题的影响，发展得并不顺利。因此，后来他们整个团队一起离开了。

目前，燕小六师兄主要在外地负责一单IPO业务。"项目是创业板IPO项目，为注册制改革之后报送的，由深交所审核，目前处于交易所问询★阶段。"说到这里，燕小六师兄似乎感受到我们对项目的进展情况有些陌生，于是开始向我们讲解IPO业务的整体流程。

> **知识小卡片**
>
> ★ 交易所问询
>
> 交易所通过问询函向上市公司表达关注与疑问，要求上市公司对相关问题进行解释、补充披露或是错误更正，是证券交易所在证券市场监管中的常用手段。

"IPO的流程主要可以分为两个环节。一个环节在项目申报之前，另一个环节在项目申报之后。项目初期，我们需要根据客户自身的基础情况对企业上市的整个过程进行规划。

"首先是了解客户。对于三板企业，其信息透明度较高，可以通过公司的相关公告进行了解；对于普通企业，则需要尽早进场，请客户提供必要的资料。在这个阶段主要是收集企业的一些基本信息，包括历史沿革、是否存在被处罚的经历、财务报表等，从而判断整体业务是否真实、具备合理性。很多时候企业财务报表本身就会出现漏洞，比如科目发生额过大、科目余额占比异常、与行业平均水平存在显著差异等。如果上述几个方面不存在太大的问题，我们会联系客户进场。

"进场开始工作后，第一个阶段为发现问题。该阶段的工作通常包括了解企业的整个业务流程、梳理公司的历史沿革、对企业账务基础材料进行了解。了解这些信息之后，可以再与公司前期提供的材料进行对比，从而大致确定公司哪些方面比较薄弱。在与企业相关负责人员进行沟通交流时，如果对方能够条理清晰地回答问题，并且能与支撑材料相互印证，那么可以认为企业的内控水平良好，其提供的材料可靠度相对较高；如果对方讲不清楚，或者尽管说得头头是道，但与支撑材料中显示的信息并不一致，那么就需要将公司内控作为风险的关注点，同时进行深入调查。一般而言，为了发现问题，我们通常会从采购、销售、生产、资金、投融资等多个方面对企业相关负责人员展开访谈，然后针对其中的一些重点问题，在全面尽职调查过程中让企业重新整理基础材料。

"发现问题之后，便进入全面尽职调查阶段。全面尽职调查主要针对企业的法律、业务、财务方面展开。按照尽职调查指引，逐项核查各类事项情况，分析返回的材料，编制控制表，整理底稿。对于其中发现的重点问题，及时与企业进行沟通。企业针对问题补充材料后，证券公司需要再进行复核，直到依据充分为止。全面尽职调查后，最终形成招股说明书、发行保荐书*、保荐工作报告*等申报主干文件草稿。初稿确定之后，会将其中涉及重点问题的内容不断更新，形成内容更为丰富的初稿。这一版材料几乎已经满足申报要求，定稿只会在此基础上进行一些细微的调整。

投行访谈录

> **知识小卡片**
>
> ★ 发行保荐书
>
> 　　发行保荐书是保荐机构及其保荐代表人为推荐发行人证券发行而出具的正式法律文件，也是评价保荐机构及其保荐代表人从事保荐业务是否诚实守信、勤勉尽责的重要依据。
>
> ★ 保荐工作报告
>
> 　　发行保荐工作报告是发行保荐书的辅助性文件。保荐机构应在发行保荐工作报告中全面记载尽职推荐发行人的主要工作过程，详细说明尽职推荐过程中发现的发行人存在的主要问题及解决情况，充分揭示发行人面临的主要风险。

　　"材料初稿完成后，就会启动内核程序。换言之，项目组完成材料之后，还需要经过公司的审核才能对外报出。内核时公司会提出很多问题，这些问题回答完毕后，公司会举办内核会，内核会上由内部以及外部的委员来评判该项目是否满足申报要求。如果内核会通过，便可以按照要求补充相应材料，形成定稿并对外报出。

　　"材料提交交易所后五个工作日，交易所会告知是否受理。项目被受理以后，交易所在二十个工作日内审核申报材料，然后向企业下发问询。我们之后的工作就是针对这些问题去做补充的尽职调查，并把相关问题的回复更新到申报材料中。"问询的过程一般包括几轮，流程基本相同，直到审核人员认为企业披露事项已基本清晰，才会把项目向后推进至审核中心和上市委员会。现在最常见的应该是两轮到三轮常规问询，再加上一轮审核中心问询,之后就是上市委员会审核会议。上市委员会由两位保代和两位发行人高管(董事长、总经理、董秘、财务总监等)参与聆讯*,并最终给出是否审议通过的结果。审议通过后,项目需提交证监会注册,注册完成之后才能安排后续的发行工作。

> **知识小卡片**
>
> ★ 聆讯
>
> 上市聆讯,指上市前对即将上市的公司进行全面评估,待有关专家当面评估是否通过上市。

"整体来看,项目周期基本为一年左右,但根据企业自身的情况会有差异。

"尽职调查的现场工作主要为制作申报和回复材料,由于提交的材料文件中所有的描述或结论都需要底稿进行支撑,所以需要进行大量的调查工作。如果企业说自身销售模式为以销定产*,那么项目组需要分析销售和生产的相关信息,核查客户有没有在未获取订单时就开始备货生产,从而判断客户的说法是否属实。如果客户每月的生产和订单都存在清晰的电子化系统记录,在确认系统的准确性后,项目组只需要对系统内的数据进行分析就可以知道产销是否匹配。如果客户没有相应的系统,只进行手工的统计,则需要对单据进行标准化和电子化,之后再去分析。这两种情况所需的时长显然相去甚远,如果一家企业的规范度高、材料齐备,现场工作会很快,在六个月内就能完成。

投行访谈录

> **知识小卡片**
> ★ 以销定产
>
> 　　对商品的数量、品种、质量等按照市场的需要来安排生产，使生产能适应市场需要的发展变化。

"而从报会到最终批准发行的时间周期，则取决于具体的回复速度。通常完成两轮回复问询需五十日至七十日，交易所审阅申报文件及回复需三十日至五十日，具体审核速度还会视在审项目数量协调。如果项目出现财务数据过有效期需加期或其他特殊事项，则需中止审核，中止时间视具体事项的解决用时，不超过3个月。"

燕小六师兄告诉我们，投行业务的范围其实很广，除了IPO之外，还包括再融资、收购、重大资产重组*等业务。

> **知识小卡片**
> ★ 重大资产重组
>
> 　　重大资产重组是指上市公司及其控股或者控制的公司购买、出售股权达到一定标准的资产交易行为，是一种长期股权投资。

"**再融资业务是已经上市的公司发行筹集资金**。再融资的总体流程与IPO接近，也是通过尽职调查确认公司满足发行条件，同时制作发行材料报送交易所或证监会，交易所或证监会审核完成后才能实施。**再融资和IPO的主要区别在于**，上市公司此前已经通过上市过程予以规范，同时日常信息披露对公司要求较高，因而企业基础较好，尽职调查工作的效率高，项目周期更短。上市公司的再融资，核查更关注募投资金*的使用和投向是否合理。

> **知识小卡片**
> ★ 募投资金
>
> 指企业通过IPO或再融资募集来的资金。

"上市公司收购业务是指收购方收购上市公司的行为，财务顾问需对收购方进行核查，确认收购方满足收购上市公司的要求。上市公司重大资产重组业务是指上市公司购买或处置日常经营以外的资产达到一定比例，财务顾问需对购买和处置资产情况以及对上市公司的影响重点核查。

"上市公司收购业务和重大资产重组业务属于财务顾问业务，与IPO、再融资这类保荐承销业务具有差异。保荐业务需要证监会核准或注册后才能实施。上市公司收购和重大资产重组视具体类型不同，只有要约收购*、发行股份购买资产等部分特定业务才需证监会行政许可。"

> **知识小卡片**
> ★ 要约收购
>
> 要约收购是指收购人向被收购的公司发出收购的公告，待被收购上市公司确认后，方可实行收购行为。要约收购是一种特殊的证券交易行为，其标的为上市公司的全部依法发行的股份。

除了项目工作的具体内容，大家普遍比较关心的问题便是工作强度。针对这个问题，燕小六师兄也分享了他的看法。

"大型券商的工作强度非常高。他们的正式员工很少驻场工作,但每个人会同时参与三个到四个项目,在多个项目之间轮转。不过,由于头部券商容易招募到实习生,并且通常还会聘请券商律师、券商会计师协助工作,因此虽然每个项目上的正式员工有限,但整个项目的人员配置还是比较充足的。而中小型券商通常由正式员工长期驻场,尤其是项目比较少的时候,通常会指定一些员工驻场,主要目的是与客户保持联系、增进沟通。因为客户基础相对薄弱,所以材料收集、整理难度较大,除聘请实习生完成数据的核对、电子化等基础性工作外,通常还需要有人在现场予以指导,并及时分析出现的各类问题,因而驻场人员较多。

"投行的工作强度具有周期性。一般情况下,工作量不会达到无法接受的程度,但是加班的现象是普遍存在的,并且加班情况与项目进度密切相关。一般而言,尽职调查初期会相对轻松,往后将越来越繁忙,项目即将申报前和问询回复期间的工作量最大。所以,第一个月的周末可要把握好机会去周边放松一下。"燕小六师兄笑着说道。

授人以鱼,授人以渔

提及实习,燕小六师兄认为:"实习生的工作一般比较简单,多为体力劳动。因此,实习的意义可能更多地在于了解投行的工作内容。比如,项目申报过程中需要核查许多要点,而每项要点都需要对相应的材料进行支撑。如果不进行实习,很难了解这些材料具体包括哪些,也无法得知核查的具体流程。具体而言,进行核查之前首先要获取原始资料,由于原始资料的对接人员各异,资料的样式可能也不尽相同,因此需要将其整理为标准格式。通过对原始资料的整理,实习生可以了解业务流程中涉及的相关合同、单据、凭证等文件，以及各类文件上具体包括哪些信息。

"这是熟悉投行工作流程及工作内容的必经之路。如果之前没有实习经历，那么入职第一年的主要工作可能就是了解各类原始材料；如果之前有过实习经历，那么第一年便可以直接开始对上述原始材料进行处理，然后提取关键要点信息进行核查。在工作的第二年到第三年，合格的投行人应当掌握各类分析方法，并且判断分析结果是否符合相关要求。在工作的三年到五年，合格的投行人基本上已经在项目的法律、财务、业务等各方面都具备一定的理解和分析决策能力，可以担任现场负责人的角色。

"因此，实习时最好能够找到一位熟悉的师兄师姐带路，因为可能只有他们愿意说明为什么要做这项工作，为什么要核对这些信息，核对时需要重点关注哪些地方，发现问题时如何处理，等等。所谓'知其然而知其所以然'，从而达到事半功倍的效果。否则，实习时也许只能重复地进行基础性工作，虽然付出很多但收效甚微。

"目前，我们在每个项目上基本保持一位到两位实习生。我们招聘的实习生各种背景都有，主要是因为背景最为契合的同学更愿意去头部券商实习以寻求留用。不过，如果还没有明确的方向，想要对投行有所了解，可以尝试从中小型券商做起，因为各类投行分配给实习生的工作内容大致相同，可以较快地积累经验。等到最后一年找工作时，再根据自己对未来的目标选择实习。

"我在进入这个行业之前，觉得投行的实习非常高级，自己投了简历也不一定有人要，后来才发现情况恰恰相反。券商对实习生有着巨大的需求，只是留用的人数有限。如果个人工作态度较好，又具备一定的基础知识，通过内部人员推荐，是有很大概率能够取得投行实习的机会的。由于实习生成本低，又能完成基础工作，在业务量大时，往往会出现'供不应求'的情况。自2019年起，注册制改革带来了大量项目，各大券商都在疯狂招人，投行的准入门槛也相应降低不少。"

至于大小平台的选择，师兄建议多加了解，因为不同平台之间的差异很大。他说："有机会的话，还是尽量去大一些的平台。虽然小型券商的薪酬机制非常具有诱惑力，但是承接的项目质量以及对项目的推动能力普遍比大券商低，而且后期跳槽变更平台的难度也更大。而大型券商的业务规模和管理模式往往更加合理。

"比如，在许多中小型券商，组内发生的费用均由组内自己解决，如员工薪酬、差旅费等。对于剩余的收益，公司会拿出其中比较高的一个比例作为奖金，用于激励。如果项目组能够持续做出项目，收益自然非常可观。但如果做不成项目，以后还要自己弥补这些费用。因此，中小型券商很难保证每年都有稳定的收入。而大平台的项目，由于企业规模较大、规范性较高，所以成功率更高。同时，客户的利润水平也高，募集资金量大，因此项目收入更高。此外，大平台一年可以出几十个项目，而小平台一年能出的项目数较少。综合原因导致不同平台薪酬水平存在差异。大平台的分成机制多是根据员工的职级、年度表现进行考核并发放奖金，而小券商的分成机制主要遵循项目归属和具体项目参与深度，所以'贫富差距'更大。"

访谈的最后燕小六师兄希望大家可以更加了解投行工作的具体流程与内容，以及实习中应当注意的地方，做好充足的准备。此外，燕小六师兄也给出了自己的建议："每个人都有自己的选择，有的人在大平台拥有一些资源后，跳槽到小平台寻求更高的控制力，也有人一直在大平台做。随着年龄的增长，我们的体力势必出现下降的情况，因此向管理方向转型是必然的。当工作中体力劳动的份额逐渐下降时，分析判断的经验和与客户沟通交流的能力就会逐渐体现出价值。"

总　结

IPO的主要阶段可以分为项目申报之前和项目申报之后。

项目申报前，首先要了解客户，排除重大风险后进场开展工作；驻场开始后，通过梳理企业历史沿革及基础财务资料来发现问题；发现问题后，进入全面尽职调查阶段，针对法律、业务、财务方面展开详细核查，并形成招股说明书、发行保荐书、保荐工作报告等申报主干文件草稿，基本要满足申报要求；材料初稿完成后，启动内核程序，通过内核会后便可以按照要求补充相应材料，形成定稿并对外报出。

项目申报后，五个工作日内交易所反馈是否受理，若成功受理，交易所将在二十个工作日内审核申报材料并向企业下发问询。问询通常会有两轮到三轮，直到审核人员认为披露事项已基本清晰后推进至审核中心及上市委员会，并决定审议是否通过。若能顺利通过，项目即可提交证监会注册，注册完成后才能安排后续的发行工作。

整体而言，项目完整周期为一年左右，视企业情况会有差异。

快速问答

Q：注册制改革是否会为中小型券商带来更多的机会？

A：很难说，但目前来看投行业务还是呈现越来越集中的趋势，小型券商承接项目仍然很难，项目规模也和头部券商有很大差距。此前和在头部券商工作的朋友沟通过，他们也在转型，以前主要做大型国企的项目，现在也开始重视服务科创板、创业板中规模较小的企业了。头部券商的参与肯定会挤压小平台的生存空间，但大平台对客户的要求更高，客户没有达到高标准前，他们不会进行申报，因而有些客户对申报时点有更高要求，可能会寻求与中小型券商展开合作。

Q：您认为研究生期间是应该多去实习，还是多花些时间提高能力（例如考证）呢？

A：我觉得实习与考证不矛盾。如果确定将来要做投行的话，可以事先了解相关法律法规以及财务知识。财务方面，掌握CPA会计、审计的相关内容基本足够；法律方面，则需要系统地了解投行的相关法律法规。因为投行业务的范围很广，相应法律法规也有一套较为完备的体系。如果想要通过保荐代表人考试，那么需要对保荐业务、财务顾问业务、债券业务等都有较为深刻的记忆和理解。除此之外，如果计划将来从事某一具体领域的业务，那么还需要积累相关业务的丰富案例经验。这些在研究生期间都可以通过实习或考证提前准备。

本文编者：许程智

本文校对：张含蕾

头部投行实习的工作内容与注意事项

嘉宾经历

- 本期嘉宾本科就读于工科专业，目前就读于北京某顶尖院校。
- 嘉宾的实习涉及某头部券商投行部的TMT和医疗行业。
- 嘉宾目前已经成功完成实习工作，正在准备出国深造。

我们有幸邀请到迪伦师兄于晚上8点在线上进行一次轻松愉快的访谈。届时，师兄刚刚下班，神情略显疲惫，戴着耳机在自己的出租屋接受了我们的采访。

迪伦师兄是我们2019级的同门师兄，2021年在一家知名券商投行部实习了四个月有余，目前正处于实习期，其扎实细致的工作作风得到了上级的一致好评。即将面临实习和择业的我们对于本次的采访充满期待。

车到山前必有路，船到桥头自然直

"在来到北京大学软件与微电子学院之前，我本科就读的是工科的安

投行访谈录

全工程专业，当时找的实习和金融方向完全不相关。所以如果我想转行到金融行业，实习就是一个比较好的途径。我目前是在某头部券商投行部实习，主要对标TMT★和医疗行业。我于2021年7月来到这家券商，这段实习算是我在投行的第一份正式实习。实习的前期是比较枯燥的，并不是大家想象中的那种运筹帷幄、极富技术含量的工作。"师兄说道。

知识小卡片

★ TMT

　　科技（Technology）、媒体（Media）和通信（Telecom）。

"那您的实习工作内容包括哪些呢？"我们想听听师兄具体的工作内容，便继续提问道。

"在前一个月到两个月，我的主要工作就是收集数据、整理数据和更新数据。这是一个非常考验耐心的工作，也是通过数据培养行业敏感度的工作。之后负责人开始让我接触案例收集、法规查找的工作。具体来说，就是从公开渠道，例如上市公司的公告里寻找关键信息，然后做有一定技术含量的总结。在这个基础之上，负责人会慢慢指导我撰写备忘录底稿，也就是Memo。Memo就是指我需要根据收集到的案例，总结出案例特征，给出解决具体问题的方法。相对来说，写这种备忘录已经算是我在这个时期中接触到的最有技术含量的工作。而这份实习实际上算是我目前为止第一份金融相关的实习。"师兄说完后，停了下来，似是在回忆，似是在等待我们的继续提问。

"师兄为什么选择从事投行工作？您在做这个选择的时候是基于什么样的考量呢？"师兄初入金融就走向投行的选择，令我们感到好奇。

"关于职业生涯的规划,我认为船到桥头自然直。我在前期向同学老师多方咨询后,便想来投行进行尝试。在开始实习之后,随着慢慢地接触和了解这份工作,也越来越喜欢这份工作。"随后,师兄语重心长地对我们说道,"其实人生很多时候,不只是规划,还有很多机缘巧合和恰到好处。我们不要感到焦虑,而是应稳住心态,把握当下,做好当下应该做的事情,机遇自然会与我们邂逅。"

调整心态,从容应对身份转换

"您目前在投行的实习工作强度如何?"听闻投行工作强度之大,我们想知道师兄是否也是如此,于是提出了疑问。

"实习强度因人而异,在我刚开始实习的时候,实习生互相沟通工作情况,客观来说,工作时间都很长。而且投行的工作时间比较灵活,例如下午或晚上会突然给你安排工作,然后要求你第二天上午9点提交成果,这时大部分人会选择熬夜去完成工作。不仅如此,正式员工的工作强度会更大。正式员工会在每周一、周二开会时安排一周的工作,随后我的带教老师会首先梳理自己的工作内容,然后将部分任务布置给我们实习生。当然,这主要也看个人,因为是实习生,你可以选择少干一些,但是日久见人心,总这样偷懒,带教老师也不愿意把更重要的工作安排给你,因为这个合作关系还是需要大家去建立的。可靠性是这个行业所需要的最基本的品质。"师兄认为,如果选择休闲安逸,那么实习的工作可能会很轻松,但是相应地,在未来的发展中也会丧失某些机会,这很公平。

"那在这样的工作强度之下,您是如何寻找工作和生活之间的平衡呢？"我们好奇道。

"时间管理。工作其实面临两种压力，一种压力是你完全不知道何时会给你安排一个新工作，你需要一直保持时刻待命的状态。另一种压力就是在接到某个任务或者多个任务的时候，在时间紧迫的情况下如何统筹安排各项工作。所以说时间规划是需要自己去修炼的能力。我自己的事情，一开始往往放到了不重要也不紧急的重要性排序里，这就导致我可能花了比较长的时间才慢慢地适应这种状态，从而把生活和工作相平衡。但是说实话，有的时候也完全没有办法保证自己的生活状态得到完全满足，因为有的时候学习加上工作，让人忙得不可开交。"师兄略作停顿后，又道，"在这个时候，心态的调整就显得至关重要。前期工作其实不难，考验的就是我们的心态：细心、耐心、不烦躁，有一种苦其心志、劳其筋骨的感觉。"

师兄的话，让我们茅塞顿开，或许在职业发展的前期，工作的强度之大，本身就意味着需要舍弃部分个人时间。那么如果想要提高自己的生活品质，就需要强大的时间管理能力。

"那您在如此高的强度下，一定也是收获满满。您觉得这大概四个月的实习有什么比较大的收获吗？"我们问道。

"首先，我可能在心理上得到了更多的满足。我在接触到这份实习工作之后，逐渐喜欢上了投行的工作。因为投行的知识和信息都是爆炸性的，这就需要我们在很短的时间内具备处理这些信息和知识的能力，这也为我带来了很大的压力与考验。但是在完成具体的工作任务之后，根据马斯洛需求层次理论*的顶层效应的自我实现，我会有一定的成就感和满足感，甚至是苦尽甘来的体验。其次，在业务水平方面，我的工作技能和工作技巧也有了一定的提高，俗称最基础的Office的三件套——Word、Excel

和PPT。当然，财务和法律知识也在不断地案例收集、案例反推理论、回归理论的过程中有所积累和深化。最后，就是心态上的成长。"师兄感叹地说道。

> **知识小卡片**
>
> ★ 马斯洛需求层次理论
>
> 马斯洛的需求层次理论是心理学中的激励理论，包括人类需要的五级模型，通常被描绘成金字塔内的等级。从层次结构的底部向上，需要分别为：生理（食物和衣服）、安全（工作保障）、归属与爱（友谊）、尊重和自我实现。

谈及从学生身份到员工身份的转换，师兄认为："很多时候，这种转换是潜移默化的，不是一蹴而就的。因为我们都是具体的人，生活在具体的事情中，例如未来求职的公司、求职方向、工作内容、公司环境、团队氛围，都是需要我们去慢慢适应的。但是，万变不离其宗的是，如果说要从事投行这个工作，还是需要我们在静下心来完成工作的同时，也能正常社交协调多方关系，'静如处子，动如脱兔'大概就是这个意思。其他的，像用到的知识也好，或者工作软件，想要精进是需要一段时间的，如果只是满足日常的实习工作，其实还是不用担心的。"师兄喝了一口水，接着说道，"总之，需要把握的就是，保持较高的学习力和适应度，就能比较顺利地完成身份的转变。此外，由于工作其实是一个不断解决问题的过程，那么也需要我们保持一个主观能动性和积极的心态，否则杂事缠身，长此以往，我们也很难坚持到工作岗位上。"

给过去的自己，给现在的你们

"如果让我对现在的你们，也是对过去的自己说一句话，那么我一定会说：'要好好珍惜上学的时光。'这种珍惜主要是指两个方面的内容：一方面，好好锻炼身体。不知道导师是否带你们出去晨练，现在想来晨练真的非常难得。也只有在校期间，才有这么宝贵的时间能够锻炼身体。可以说，大学时期的身体素质，基本上是我的巅峰时期了。另一方面，要珍惜学习时间。在现在的实习过程中，我们很难有足够的时间去系统地学习相关专业知识，工作上的事情会把我们的时间切得非常琐碎。此外，高强度的工作导致的精力不足也不容许我们全身心地投入学习中。所以说，在学校的时候，我们还是多多珍惜这种长时间学习的时间。如果你对一些项目或课程感兴趣，在这段时间一定要好好把握，拓宽自己的知识边界，提升自己的知识深度和学习能力。或者去考取CPA和司法证等证书，建立起完整的会计和法律相关知识体系。"师兄语重心长地说道。

此外，迪伦师兄还向大家分享了一条小建议，让我们尽力去培养主人翁意识，无论是在工作还是学习中。"例如，我们去做一份工作的时候，可能会有一种感觉，就是认为自己做的事情完全没有意义，或者说实习工资太少，我为什么来这里浪费时间？当然也不排除确实有的实习很浪费时间，但是我们还是需要培养主人翁意识，把很多工作当成自己的事情去做，只有这样才会不断提高自己。其实，实习就是拓宽自己未知边界的过程，那么我们就把这个未知边界拓展得更广，从而收获更多。"

总　结

在实习的一开始，主要的工作就是收集数据、整理数据和更新数据。之后，负责人会让实习生接触案例收集、法规查找的工作，并指导撰写 Memo（备忘录）。

投行的实习强度因人而异。正式员工会在每周一、周二开会时安排一周的工作，然后带教老师会首先梳理自己的工作内容，再将部分任务布置给实习生。

时间管理方面，投行工作会面临两种压力。一种压力是我们需要保持时刻待命的状态；另一种压力是面对多个任务时，在时间紧迫的情况下如何统筹安排各项工作。

投行的知识和信息都是爆炸性的，这需要我们在很短的时间内，具备处理这些信息和知识的能力。

快速问答

Q： 您对于学弟学妹们的择业，有什么建议呢？

A： 一方面，要知道金融业的工作都包含哪些。对券商来说，一级投行和二级行研的实习和工作都是比较锻炼人的，这个时候可以先从大的方向尝试，确定下来大的方向后再深挖细分岗位。

另一方面，就是多去尝试。其实我自己不是那种有很强的驱动力的人，我在接受这份工作之前，也和一些比较犹豫的学弟学妹一样，经过多方打听,知道这份工作有什么优点、有什么困难,但这只不过是了解一下,并没有深入地思考这个工作的性质等问题。纸上得来终觉浅,绝知此事要躬行,如果真的想要尝试,就去找一份实习体验一下。当然,这是研二或研三时候的事了,这个时候的实习价值才是最大化的。

本文编者:马　圆
本文校对:张堇然

投行项目阶段简介与入职头部投行的得失

嘉宾经历

- 本期嘉宾本科毕业于某中流"985高校",研究生毕业于全国某顶尖院校金融信息服务专业。
- 嘉宾的实习经历包含某头部券商投行部,经历了项目的完整阶段。
- 嘉宾目前已经通过实习拿到秋招录取通知书。

  由于大米师兄的工作安排得比较满,最终我们在一个风和日丽的周六下午与师兄进行了访谈。

  大米师兄是我们闻名已久的榜样,从学习到生活,从具体工作到待人接物,各方面都有很多值得我们学习的地方。师兄在某头部券商投行部实习,目前已经拿到录取通知。虽说刚刚结束了一周的工作,但是我们全然感觉不到师兄有任何疲惫之色,他热情饱满地接受了我们的访谈。"我尽量讲得有故事性一点啊。"师兄笑着说,开始为我们讲述他的投行之路。

打怪升级路

"我家在四川西南一个小村镇里,小学是在当地的一个乡村小学里就读的,周围的同学有的读完初中或者上完高中就不再接着读书了。小学毕业以后,本来我应该在我们村镇的中学里接着读书,但当时因为我家就在村镇中学的门口,时常能看到中学里的学生打架或逃学,我觉得如果自己继续在这样的环境读书可能会耽误学习。"

于是,大米师兄考取了市里的一所市直属中学。初中的时候,师兄成绩不错,初中毕业后考到了全省的两个省重点之一。上了高中,有了更加优秀的学习环境,大米师兄如鱼得水,成绩有了很大进步,高考之前的一次全市统考,还考了全市第一。可惜高考的时候,师兄发挥失常,"高考考出了我整个高中三年参加的大大小小所有考试里最差的一次,最后去了一所中流'985院校'继续我的学生生涯。"随后师兄说道,"从小以来,我们接受的观念都是上了大学就解放了。"

说到这里,我们都会心地笑了,我们这代人确实没少从家人朋友那里听到这句话。师兄接着说道:"所以上了大学之后我就放飞自我,把高考的学习压力好好发泄了一下,当时有点沉迷游戏,人生得意须尽欢嘛,现在想来还是有些后悔。"因为我们也都有类似的经历和想法,顿时会议室里充满了快活的气氛。

师兄清了清嗓子,继续说道:"后来到了大三时,我感觉还是得考研,一方面算是弥补当时高考没考好的遗憾,另一方面也算是对工作的暂时逃避吧,当时我还没有做好走向工作岗位的准备,认为在学校里的压力相对要小一点。"师兄决定考研之后虽然也经历了一些波折,但最后还是成功考取了北京某顶尖院校的研究生，来到了软件与微电子学院就读。

仙人指路与贵人相助

"来到北大之后，我在选导师时也没有刻意地做过多了解，当时我是一个没什么计划、比较散漫的人，为此也没少受到老师的'亲切'指导。开学前的假期，我无意之中看到一个学姐在群里面推荐×老师，说老师人很好，对学生都很负责，导师组里的氛围很不错，于是我就决定选×老师当导师了。4月的时候我联系了老师，然后从山东跑到学院专门拜访了老师，最后比较顺利地成了老师的学生。现在回想起来，遇到老师也是比较幸运的，就像我刚才说的，我当时也没有明确的目标和职业规划。老师教了我很多，能进入投行也是老师'仙人指路'。"

大米师兄告诉我们，当时他也是借着做访谈的契机，对于投行的工作内容和这个行业的情况有了更深的了解。师兄告诉我们，在访谈阿飞师兄时的一句话对他产生了很大的影响。阿飞师兄说他认为在投行工作一定要有好心态。正好在研二的上学期快结束时，老师说你也学习得差不多了。知逊师兄和十二师兄都在投行，你联系一下他们，去工作岗位锤炼一下吧。

"我联系了二位师兄后，就到他们在北京的一个项目上去找他们。

"后来我做了简历，通过了面试后就去实习了。刚开始做的工作都是一些简单基础的东西，不过我心里也有预期，也知道一开始都会做一些繁杂的活。按照我做的那些项目，大体上可以分为四个阶段，首先是去拜访客户和竞标的阶段，也就是所谓的承揽阶段，承揽业务主要是由资源比较丰富的前辈来做，我们则是做一些支持性工作。这个阶段用得最多的办公软件就是PPT，主要任务就是做一些项目建议书。起步阶段会有很多历史案例作参考，领导交代下来的工作一般不会让你平地起高楼，而是给你一个参照。十二师兄也给了我一批他以前做过的PPT以供参考。我一直以来都是一个比较大大咧咧的人，没少因为细节的问题被知逊师兄批评。可以说，在我整个实习的过程当中，师兄不管是精神上还是技术上都给予了我非常多的帮助。我的PPT技能现在也上升了一个台阶，在很多细节上比过去注重了很多，大部分交出去的任务，领导也会给予比较好的评价。

"第二个阶段是尽职调查阶段，如果拿到了某个项目，就要经常去尽职调查，去做承做的工作。这个过程当中用得比较多的办公软件就是Excel和Word。在这个过程当中，我需要通过公开的渠道搜索资料，对公司财务数据做一些处理，例如进行分析和对比等。在这些工作中，Excel是经常用到且非常实用的办公工具。

"**尽职调查之后就是申报的阶段，需要我们把前期尽职调查所形成的结果和结论呈现到纸面上**。这一阶段的工作是做募集说明书、发行保荐书、发行保荐工作报告等申报材料的制作，完成后上报证监会，得到监管部门意见批示后，就需要我们去找一些同业数据来进行对比，需要用到的就是数据库和搜索引擎。这些都完成之后，即一个项目正式发行完毕。

"发行完成后还需要进行持续督导[*]，在这个阶段我们需要起草一些文案，比如现场检查计划、整理三会[*]的一些资料等。根据我现在浅显的认知，一个完整的项目我觉得大致可以分为这四个阶段。"师兄非常谦虚，也非常有条理地为我们简单讲述了工作的内容，以及他一步步适应并融入投行工作的经历。相信很快大米师兄也会成为后辈眼中的可靠前辈。

> **知识小卡片**
>
> ★ 持续督导
>
> 　　指保荐人在公司股票上市后的一段时间内对公司的运行管理。
>
> ★ 三会
>
> 　　一般指股东会、董事会、监事会。

　　接着我们抛出了一个尖锐的问题:"师兄在投行工作了一段时间了,有没有后悔走上这条道路呢?对于还没有步入职场的后辈有没有关于职业选择的建议呢?"

　　"后悔倒是没有的,无论做什么工作都不会让人百分百满意,关键是要做权衡,你更看重哪一点,更倾向于哪一种工作状态。不管做什么工作,可能都要像我刚刚讲的那样,需要细心、耐心,需要有主观能动性,需要有良好的心态,对个人的社交能力、文字功底等也都会有要求。很多人从事一门行业时会觉得这行不好,其实我认为没有哪行是容易的。在我觉得自己熬夜很苦很累的时候也会思考,现在信息这么发达,在网上都能看到,比我苦、比我累,收入还比我少的大有人在。咱们读了十几年、二十几年的书,付出了很多的努力走到现在,又得到导师、师兄等身边人的帮助,做了很多的铺垫,才能争取到这么一个机会。所以,就算是工作环境和节奏不太适合自己,我们也是可以自己做出调整的。

　　"对于大家经常提到的,在一级市场和二级市场之间如何做选择,可能你们也了解到它们的区别,首先无论走上哪条道路,都是会有收获的，这点不用太担心，差别只在于哪个收获更大，或者说是偏重可能稍有不一样。我们有一个师兄做二级市场，他同样需要查找数据、撰写材料，在工作中所需要的很多品质跟投行是一样的，做什么工作都有共通的地方，只是工作的节奏、工作的特点会有不同。我举个简单的例子，根据我和其他师兄师姐的沟通，比如说我做投行，可能平时会出差多一些，而且客户比较喜欢我们驻场，就是人要在现场，不能在家里待着，即使是在北京，项目也得在北京现场，到外地出差更不用说。像他们做二级市场工作的话，出差就会少一些，至少跟我比起来，他们肯定是少一些的，我最近几个月几乎每周都在出差，偶尔周末回北京，他们可能在公司办公的时间更长。然后薪资这一方面，如果能进头部投行的话，工资待遇是不错的，至于做研究员，一开始可能工资跟投行比起来会稍低，不过上限更高，研究员有机会转到买方去做基金，所以可能行研薪资这方面的发展上限会更高。但是这都是理论上的，自身发展还是靠自己。"

脚踏实地，珍惜现在

聊到选择这条道路的原因，大米师兄也半开玩笑地说道："虽然做投行很辛苦，但投行的薪资确实是它最吸引人的一点了，这很现实。人在江湖，仰望星空能为我们指引方向，却不一定能载我们渡过人生的坎坷之河。"如果看到这里的各位，拥有能够丰富自己的机会，拥有选择人生方向的自由，拥有能够得到一份不错的工作的机会，请珍惜吧！无论以后走上什么岗位，无论今后从事一级市场还是二级市场，打铁还需自身硬。我们要做的就是脚踏实地，磨炼自己，在工作中充分发挥主观能动性，提高自己的专业技能，夯实核心竞争力。只有自己不断进步，日就月将，才能在长风破浪之时，扬起征帆，横渡沧海。

总　结

投行项目大体上可以分为四个阶段。一是承揽阶段；二是尽职调查阶段；三是申报阶段，需要我们把前期尽职调查所形成的结果和结论呈现到纸面上；四是发行完成后的持续督导阶段，我们需要起草一些文案，比如现场检查计划、整理三会资料等。

目前A股正在推行注册制，其他国家和地区的投行模式可能会是A股今后发展的方向。

快速问答

Q：师兄有什么工作上的建议和提高效率的方法和大家分享吗？

A：第一，要学习一些查法规、找案例的办公软件和渠道，比如要找一个案例，可以先用搜索引擎搜索关键词，也可以在一些公众号上搜索，现在有些公众号写得很好，对一些问题的分析进行搜索之后或许能帮你缩小搜索的范围，然后再使用一些数据库或论坛，就有可能搜到具体的公告。

第二，在办公过程中要注意对快捷键的应用，并不是要你记住所有的快捷键，而是在有了一定的工作经验以后，你就会发现哪些操作是常用的。

Q：通过您实际体验了一年的投行工作，您认为听到的跟实际做到的差别在哪里？您认为投行是一个怎样的行业？您对投行的发展有什么简单的预期吗？

A：不要觉得投行工作者是拿着高脚杯喝红酒的人。一开始大家做的都是比较简单且烦琐的工作，我的预期也就是这样，所以没有太大的落差。说到觉得今后会怎么发展，目前正在推行注册制，而且回顾历史的发展过程来看，确实咱们是在坚持中国特色社会主义的基础上，在本土化的基础上不断地推进市场化。

所以说像其他国家和地区的投行模式（如美国、中国香港地区），我认为可能会是今后发展的一个方向，不过肯定会有所不同，毕竟我国在体制上和它们不同。我感觉市场化的方向是往那边靠的，包括注册制，包括现在让律师也参与到招股书的撰写，都是美国等地之前就有的。

到那个时候，投行的核心竞争力就从资料的收集处理慢慢转向承揽和承销。承揽就是这个项目大家都能做，那么，竞争力就在于怎么能把项目拿到，这就要求个人有比较强的人格魅力，有比较强的社交能力。承销也是同样的，得能把这些票卖出去，注册制推开以后会有越来越多的企业上市，以前的股票是供不应求的，所以股价就会出现溢价率（在权证到期前，正股价格需要变动多少百分比才可让权证投资者在到期日实现打和。溢价率是度量权证风险高低的其中一个数据，溢价率越高，打和越不容易）很高，但今后随着供需关系变化，上市企业肯定会越来越多，股票作为一个商品，它在供给越来越多的情况下，作为从业人员怎么把它卖出去？以后核心的竞争力在这两点，不管是承揽还是承销，个人背景，包括个人的人格魅力、硬实力可能会越来越重要。

本文编者：孙守利

本文校对：陆大炜

投行IPO业务实习攻略及如何规划

嘉宾经历

- 本期嘉宾本科就读于北京某顶尖院校商科专业，研究生毕业北京另一所顶尖院校。
- 嘉宾的实习经历较为丰富，包含某头部券商卖方研究、合资投行、某几家一线券商资本市场部、私募股权投资公司、头部券商并购组、某知名外资咨询公司。
- 嘉宾毕业后在某头部券商并购组留用，现为该部门投行副总裁。

　　经过与知逊的预约和几次访谈时间的调整，我们终于在这天的上午和师兄在线上见了面。

　　他此时正专注于一个拟创业板上市的IPO项目，整个办公室都是敲击键盘的声音，他示意我们噤声，抱起了他的笔记本电脑去了一个没人的小会议室，之后开始了我们今天的访谈。

　　知逊短短几年就在头部券商升职到高级副总裁（SVP）的级别，升职之快已成为导师组的一大传说，我们按捺住内心的激动，迫不及待地请师兄分享了他的投行从业经历，期待得到第一手的信息与经验。师兄揉了揉太阳穴，疲惫之色一扫而空，他微微地笑了笑，说："那我就以自己的视角回顾一下进入投行的这段经历，你们如果有问题也可以随时向我提问。"

始梦科学家，路上金融人

"我小的时候对理工科充满了兴趣，并且理科成绩不错，高考裸分能在全省排在前20名的水平，物理竞赛初赛拿过全省第一名，一直以来的理想就是成为一名科学家。高考结束后，我的高考志愿修改了三次，前两次的志愿分别是上海交通大学的数理基础科学班和中国科技大学的理科实验班（00班，比照少年班培养）。不过可能由于父母一直以来都是从事财务相关工作的缘故，再加上自己当年青春年少，不清楚自己真正的兴趣和专长所在，最后志愿由父母帮忙挑选了北京某顶尖院校的商科专业。"

知逊告诉我们，直到现在，他仍旧认为自己更加擅长做理工科相关的工作，在他的内心深处，也还是觉得做投行对社会的贡献不如做理工科对社会的贡献大，即便在被人大商科专业录取后也是这样想。但他仍然保持着饱满的学习热情，并在本科结束后进入另一所顶尖院校继续深造。

进入北大后，知逊仍旧没有放松对自己的要求。"学习上我认真努力，基本每门课都是90分以上，整体的GPA排名是全系保二争一的水平。在这里，我也非常想告诫学弟学妹们一点——学习很重要，因为你们现在的本职任务就是学习，要相信今天的努力学习定是功不唐捐。同时，我还积极参加学生工作，并得到了同学和老师们的认可，获得了学习优秀奖、国家奖学金和北京市优秀毕业生等荣誉。"

投行访谈录

职场"海王",锐意进取

谈及自己的职业选择问题,知逊说,除了学习之外,他去过很多公司实习。最初,他没有特别明确的方向,像无头苍蝇一样到处尝试,基本上只要是他觉得还不错的平台,或者想体验一下的行业,都会去试一试,有点像现在大家戏称的职场上的"海王"。不过,他不是特别推崇这种做法,因为这并不是一件值得炫耀的事情,并且真诚地建议道,多尝试固然是好的,但是机会成本以及给未来的面试官传递的信号也不得不考虑。如果能够通过精准把握住自己的性格特点、兴趣专长等特质,进而缩小对理想行业的选择范围,并以此寻找实习的目标公司将会更有效率。然后他便从头开始,将自己大致的实习经历进行了复盘。

1.实习初探,明确目标

"我的第一份实习,大概是在研二刚开始的时候,去了某证券公司的研究岗。"

知逊回忆说,这家券商当时招了十几个实习生,但负责的都是一些很基础的工作,包括收集数据以及做一些简单的估值模型。这份实习不算特别正式,而且对进入投行或者比较知名的咨询、投资公司并没有太大的帮助。那时的他志在投行,所以没做多久便离开了。

"您为什么想去投行呢?"听到这里我们赶紧追问道,毕竟此刻的我们也对未来的方向感到迷茫。

知逊想了想,回答道:"这可能与我考研期间的经历有关。以前我也不知道投行是什么,对职场的了解更是一片空白。不过我在考研时遇到了一个从'四大'辞职出来考研的研友,他经常和我分享投行的逸闻趣事,潜移默化中，我逐渐萌生出对投行的憧憬，并且下定决心要去投行体验一下。于是，我的第二段实习便锁定在了投行部门。当时有两个同学推荐的机会，一个是某合资投行，另一个是国内头部券商的著名投资机构，最后我通过面试拿下了合资投行部的实习机会。"

2.塞翁失马，焉知非福

"这家合资投行是您在投行的第一份实习，想必对您的职业规划产生了不小的影响。"我们说道。师兄有些无奈地笑了笑，答道："没错，但每当我回忆起在那里的实习经历，内心都是五味杂陈的。

"一方面，这份正式实习为我进入投行提供了一张入场券，也给各方面的工作能力打下了基础，对此我深表感激。

"在合资投行实习这一年多的时间里，我确实学到了很多知识，做过啤酒、肉类、服装、医药、汽车、日化等行业的研究，也做过数个重组项目和拟上市公司的案例研究以及建议书，还在公司公用机上对Bloomberg（彭博）和Wind（万得）进行了深入学习。

"当初我做得最多的就是PPT，做得多了便熟能生巧，后来很少有人PPT能做得比我好。这也成了我后来去面试别的投行的竞争优势。直到现在我很多年不怎么做PPT了，但功底还是没有减退，就是当时在那家合资投行打下了坚实的基础。而且在做PPT的过程当中，因为要实现内容充实，就需要做一些行业的研究，比如刚刚提到的啤酒、服装等，这些经历在锻炼了我研究能力的同时，也让我对一些办公软件的使用越发熟练，对收集资料的网站和工具也掌握得更加娴熟。"

说到这里，我们都很疑惑："您既然在那家合资投行实习了这么长的时间，获得成长的同时也做了那么多工作和贡献，为什么却没有留下来呢？"

听了我们的问题，师兄笑着说道："别着急，这也是我接下来想聊的——关于领导的承诺。

"现在在券商实习的过程中,团队中的小领导常常会给实习生'画大饼'——只要你好好做,肯定能留下。或是直接许下留用的诺言,但事实上早就没有了名额。知逊这次失利便是如此。

"事实上当初那家合资投行对我们同期的实习生大都许以了留用的承诺,最终却只留下了一位。也正是由于当时实习所在团队的两位负责人对我许下的留用承诺,让我在那里非常努力地实习,放弃了很多在其他券商的实习机会或者未能全力以赴地实习。现在回头看,当初确实是太年轻、太幼稚,遭受到了社会的第一次'毒打',所以各位学弟学妹在面对一些你们眼中的所谓'领导'的承诺时,不要轻易相信,这个承诺可能是一张空头支票,可能只是想让你好好工作罢了,并且你们眼中的'领导'其实很可能也就是投行部里的小兵而已。

"因此,这么多年后我仍然是对当时所处的团队有意见的。不过总体而言,我对他们也还是怀有感恩之心,因为他们给了我一张通往投行的门票。并且在离开之后,我也确实得到了更好的实习乃至正式工作的机会,这或许就是所谓的'塞翁失马,焉知非福'吧。"

3. 身兼数职,开阔眼界

"您之前提到自己尝试了很多行业,又在投行实习了一年多,那么您是如何看待实习期的压力呢?"我们对知逊的时间管理方式感到好奇。

他有些不好意思地挠了挠头,说:"其实在合资投行实习的一年多时间里,我基本上同时兼着两份到三份实习,其中可能有一份远程、两份现场,或者两份远程、一份现场。当时确实特别辛苦,因为我为了保证高水平的绩点,还要花费大量精力去学习。工作和学习的双重压力,常使我感到压力非常大。"

听罢，我们更加佩服知逊的能力与毅力，因为我们都明白，平衡好课业和多份实习工作是异常艰难的。

"不过，"他补充道，"事物都是有两面性的，压力也是动力，换个角度来看，我的生活也十分充实，很少因为无所事事而感到焦虑。"

"您能简单聊聊和合资投行同步进行的这些实习工作吗？"我们接着问道。

知逊沉思了一会儿，仿佛在回忆自己过往的点点滴滴，然后说道："首先，我在一家头部券商研究部TMT组做过技术传媒方面的研究。进去之后我发现，这些金融研究所基本上都会招十几个实习生给他们免费干活，很多在编的研究人员只负责把握大方向，设计好顶层架构后，给实习生讲解一些分析框架，接着便将基础工作分配下去。有的时候，他们甚至不会提供顶层架构和分析框架，直接给实习生分配任务，抛出一个很宏大的问题让实习生去完成，完成后他们提出一些意见，实习生再去修改，之后再反馈，如此循环往复，直至达到标准。

"我对这段在卖方研究所的经历其实没有太大的兴趣，感觉卖方的研究工作似乎不是特别实在，现在听很多私募股权投资（PE）行业的朋友讲，买方机构（如私募股权投资基金）做的行业研究相较于卖方机构（如证券公司）而言，水平会略高一些，因为买方机构的研究员要拿着客户或者是自己和公司的资金去做投资，如果在对一个行业或一个公司的研究做得还不够透彻就做出决定，是会产生实实在在的亏损的。但这也只是目前我比较浅显的一个看法，仅供各位参考。"

说到这里，知逊端起手中的茶杯，轻轻抿了一口，接着说："后来我又拿到了其他券商的资本市场部以及一家私募股权投资公司的实习机会，但我没做多长时间就离开了，去了某头部券商并购组的暑期实习。"

"您能详细介绍一下您在那儿的所见所闻吗?"我们对此非常感兴趣。

"这是'三中一华'(指中信证券、中金公司、中信建投证券和华泰证券)中的一家公司,我从选拔流程开始说起,因为这家券商的笔试给我留下了非常深刻的印象,他们的选拔流程很严格,所有的候选人都是在公平的平台上进行竞争的。通过笔试后,我又参加了两轮面试,其中第一轮面试是群面,面试官通过群面考察候选人的解决问题能力、协调能力、沟通能力、专业能力等;第二轮面试是部门领导面试,更多的问题是偏宏观的,比如为什么想来投行工作、对自己未来的规划等。

"进入公司之后,我和其他三位实习生被分到了一组,主要负责对市场上发生的重大资产重组进行统计。当时Wind还不像现在的分类这么精确、信息这么完整,所以我们首先要进行分工,然后各自去查询重大资产重组报告书,或者相关的草案、预案之类的报告,找到相关信息并整理成Excel表格,偶尔也会做一些PPT,其实还是比较枯燥的。"

不过,在知逊完成由实习生向正式员工的角色转换后,逐渐开始理解为什么实习生一般只能负责较为基础的工作。因为面对难度系数稍高的任务,实习生通常要花费很长时间才能完成,之后正式员工还要进行修改,这反而增加了他们的工作量。针对这种现象,他建议我们在实习时注意锻炼身体和调节心情,这样才能长期坚持下去。

"在这家券商的实习结束之后,我又拿到了一家知名外资咨询公司PTA(兼职助理)的实习机会。这份实习有两点让我印象深刻:第一,办公环境非常'外资',零食、饮料一应俱全;第二,公司内部一般用英文进行交流,不过说英文也并非强制规定。此外,如果大家想去大型咨询公司的话,学习一些CFA或管理学的基本知识可能会比较有帮助。"

说罢,知逊稍微总结了一番。他认为在自己做过的所有实习中,还是在投行的实习对未来发展的帮助最大。他建议我们，如果要学习实务知识和技能，最好的方法还是进入公司实习，在实习的过程中找到感觉并积累经验，慢慢地从实习中能够汲取的东西也会越来越多，所谓"深者听深，浅者听浅"。比如，最后在目前就职的这家券商实习的几个月里，他学到的知识是以往实习的数倍，这也是"马太效应"的一种体现。

4.秋招海投，尘埃落定

梳理完实习的过程，知逊又向我们分享了他秋招找工作时的经历。

"我在10月份才开始投简历，当时采取了海投的策略，基本上各种类型的公司都有所尝试。当然，由于实习经历过多，如果简历上都一一罗列，一方面会很冗余，另一方面用人单位未必喜欢实习经历过多过杂的候选人，因此我也针对不同岗位准备了多个版本的简历。"

因为良好的学历背景和丰富的实习经历，知逊很快拿到了好几个头部投行的录取通知和一些大型公司的业务岗位录取通知。他也向我们讲述了一次失败的求职经历。当时知逊已经进入了某国有大行总行管培的最后一轮面试，但因为面试前一天熬夜工作，导致面试时的状态特别不好，最后没有通过考核。因此，他告诫我们，要根据事情的轻重缓急合理安排时间，该拒绝的时候就要拒绝。

接着，知逊着重分享了投行的求职经历。"投行我也投了很多家，参与了多次笔试和面试，拥有丰富的笔试和面试经验。基本上头部的投行机构的笔试、面试机会我都参加了，除了中金公司面试涉及英文沟通外，其余投行的面试均为中文形式。最终，我取得了多家头部投行的录取通知。现在回过头来看，当时找工作时主要投的是头部投行的岗位，这种做法风险较大，如果笃定要去投行，应该用一份投行的录取通知保底，而不应该只盯着头部券商，至少要保证能先进入这个行业才行。"

"关于面试,您有什么经验可以和大家分享吗?"我们连忙问道,毕竟知逊作为一名"身经百战"并最终拿到优质录取通知的求职者,对于面试中遇到的各种问题,很可能有自己独到的见解。

"在最后选择入职的这家'三中一华'投行的最后一轮面试中,有一个问题让我印象非常深刻。当时面试官问我,为什么我在拿到某家头部投行并购组的录取通知之后还要来这里。面对这个问题,我很自然地说出了两个原因。第一,在那里我是做并购,这一块他们确实做得非常好,而且并购也非常具有技术含量,但是我觉得对于刚进入投行工作的新人而言,还是希望多接触一些行业和产品,从而有助于确定自己未来的发展方向,对年轻人的成长更加有利;第二,该家投行不能提供北京户口,而在最后选择入职的这家'三中一华'投行可以。

"这家投行的面试需要经过差不多三关至四关,每一轮都会刷掉50%的候选人,非常残酷。我觉得自己能够从万军丛中脱颖而出,最终拿到录取通知,与我当时对这个问题的回答有很大的关系。"

当年11月底前,知逊师兄在"三中一华"的录取通知中选择了自己最中意的一份并最终留用,整个从实习到正式入职的经历也就到此为止。

总　结

本次访谈侧重于对投行IPO业务实习需要掌握的技能和具体流程做了详细的介绍,亦对入职后的工作注意事项进行了详细说明。

关于投行IPO业务实习需要掌握的技能,首先是PPT能力;其次是Wind、彭博的熟练度;最后是如果要深入地学习实务知识和技能,最好的方法还是进入公司实习,在实习的过程中找到感觉并积累经验。

对于投行IPO业务的工作选择，公司首选"三中一华"，同时也要选比较好的行业，比如中信建投证券的TMT组；华泰联合的大健康组、消费组；中金的TMT组。

对于投行IPO业务的实习生来说，面试官主要看五个方面：本科毕业的院校；过往的实习经历；实习生目前所处的年级阶段；对PPT和Wind的熟练程度；对职业的适应程度和专业程度。校招时面试官主要看重你的学校、背景和学习能力；社招时面试官主要看之前项目的成就，这远远比学位证更有说服力。

在入职之后，求职者需要了解两点实际情况：一是需要了解组内大领导的格局和小领导的业务能力；二是要进一步了解这个行业组内的人员结构情况，这是需要跳槽人员尤为注意的地方。

快速问答

Q：对实习生的要求，什么样的人您愿意把他招进来做实习生，什么样的实习生您又会愿意留用呢？

A：我觉得如果想把一个实习生招进来作为自己的同事，我肯定会有很高的要求。如果只是招进来做实习生，给我搭把手帮帮忙，要求则会简单一些，甚至会简单很多。

具体而言我主要看以下几个方面。

一是本科毕业的院校。作为实习生，至少你的本科院校不能太差，因为我没有时间成本去探索你当时高考失败是什么机缘巧合。但是如果说要跟我做同事，那么我可能会对本科院校的要求更加严格。

研究生院校就更加重要了，因为如果你的研究生还不是一个好一些的学校，基本上就说明你高考之后也没能证明自己。

二是过往的实习经历。如果你的实习经历完全是空白的，那么我会对此非常慎重。因为你只有做过一定的相关实习，对于我交给你的事，你才能基本上知道我想要表达的意思，我也不用花费太多的精力去指导你。

三是实习生目前所处的阶段。如果目前处于研三或研一上学期的阶段，我可能不会要。因为一般研三的学生会忙于找工作，而研一上学期的学生会忙于学业，都很难抽出时间来实习。我们更加偏好研一下学期或研二上学期的学生，以及刚考完研或保研之后的学生。

四是对PPT和Wind的熟练程度。如果你的PPT能力非常强，或者对Wind的使用了如指掌，那么你将会具有比较大的竞争优势。

五是如果我是面试官，可能会问你很多关于专业的问题，比如一些相关的法律法规、首次公开发行的基本要求等。除此之外，还会问你有没有写过招股说明书，阐明其中的一些重点事项。甚至能否熬夜加班，能否出差都是我们经常问的问题。

Q：像券商的区域组，例如成都组或重庆组，和总部的行业组，在前景和薪酬上有什么差别吗？

A：投行的区域组和行业组没有系统性的差别。在公司层面上，同一级别基本工资和总部是一样的、升职速度也基本上一样。总的来说，公司层面没有系统性的差别，差别是由自己业绩的不同产生的。

一般而言，区域组优先做当地的业务，但是假如成都的客户和我关系特别好,其他公司我不太清楚,以我们公司为例,那这个项目就是我们北京这边来做,成都是做不了的。所以不用太纠结区域和行业的概念,比如有一些所谓的行业组也会做非本行业的项目,北京组也可以做其他地方的项目,没有那么严格。也就是说,行业组对行业有侧重,地域组对地域有侧重,但不是绝对的。

我对你们的建议是选一个有前景的行业组,但是有些行业组可能徒有行业的名字,在业内做得并不好,不一定比有的区域组好。

公司首选"三中一华",同时也要选比较好的行业。在确定组之后,你还要进一步了解这个行业组内的人员结构情况,但是我觉得这对年轻人来说其实倒没那么重要,因为年轻人的上升基本上不会受到障碍。所以应届生不用太去了解人员结构问题,这个问题主要是我现在这个阶段要去了解的。

同时一定要了解组内大领导的格局和小领导的业务能力。小领导的业务能力决定着你成长的速度,大领导的格局决定着天花板的高低。

小领导的业务能力决定着你能学多少东西,因为投行是一个师父带徒弟的过程,师父如果不行,徒弟自然就不行。可以上网查查小领导做过哪些项目,然后听听同事对他的口碑,从侧面再打听一下。

格局不太好解释。比如,某些领导可能格局比较低,老是去盯一些非常琐碎的工作,不知道的人可能说你非常勤奋,知道的人可能就认为你没有什么其他更重要的事情做了。依我看来,大领导应该为项目打点关系,打通核心人员,例如跟一些监管人员进行深入的交流、去和研究政策层面的专家搞好关系、去跟上市公司还有拟上市公司的领导层建立更深的友谊，这些都是决定一个组以及你个人职业天花板的事情。

Q：假设我去了一个比较好的公司，但在和小领导接触的过程中发现，他的能力不是特别强，这时候应该果断选择换到别的平台去吗？

A：你可以先判断一下小领导是否有人事权。如果大领导把所有权力都握在自己手里，这时任何一个小领导都没有人事权，会被大领导随时调配。这种情况下其实可以不用换平台，因为你可能会被调配到其他地方。或者尽管大领导没有把你调配走，如果你认为跟着当前的小领导成长比较慢，也可以找大领导提，但是一定不能直接说这个人不行，而是选择比较委婉的方式表达，比如你最近知道另外一个项目要开始了，你对这个行业比较感兴趣，想去体验一下，并且提升自己的专业能力，那么就有可能被调配过去。

如果小领导有人事权，你要一直跟着他做项目，这种情况就需要权衡一下，如果有更好的选择可以考虑离开，因为小领导的业务能力还是蛮重要的。

Q：如果本科不是经济、金融相关的专业会有影响吗？

A：校招主要是看毕业院校，什么专业都没关系，看的是你的背景和学习能力。大多数人在高三的时候都是非常努力的，在那种情况下你能考上一个好的学校，说明你的能力还可以，这涉及统计学的一个概念。

统计学中有一类错误是原假设为真的时候，拒绝原假设。比如，有一个人的能力很强，但他的本科院校很差，那么即使我因为他的本科不好拒绝了他，我犯了一个错误，但是总体而言犯这个错误的概率是很小的。

这也是为什么很多人力资源部会按照学校去划分，因为他没有那么多时间进行筛选。这样确实对很多本科不太好，但能力很强的同学不太公平。不过没有办法，现实就是这样。

社招的评价标准可能就与校招和实习生不一样了，比如学校差一点，但是在工作中做出了很多成绩，就不需要学校来给个人背书了。比如，有金牌保代、CPA、CFA或者有法律职业资格证的人，做了很多项目，这些项目都是他现场负责的，解决了很多重大、疑难、复杂的问题，或者和很多上市公司的名流、董事长进行了非常深入的交流，做了很多方案的顶层设计工作，这些远比一张学位证更有说服力。

Q：大家都知道投行的工作是非常辛苦的，我们的身体可能也无法长期承受如此高强度的工作，那么对于转型，您有什么比较好的建议吗？

A：如果一直在投行工作，其实到了一定级别后就不用那么辛苦了，可能就是做一些顶层设计、一些大的安排，带几个得力干将，就能长期做下去。假设以后我出来当领导，我带着十二，他一个人能搞定三五个项目，我不用操心，如果有重要问题他会向我汇报，我再去解决就行，所以也不会特别辛苦。当然投行的工作整体来说还是比较辛苦的，而且也有很大风险遭遇瓶颈，那样就会比较辛苦。

如果未来出来做PE、搞投资，但据我了解，现在从投行出来做投资的成功概率不是特别高。做投资更喜欢那些做研究的人，因为研究员对行业更为看重，而投行对法律、合规更为看重，侧重点不一样。

如果去上市公司做董秘、财务总监，做好之后通过员工持股计划，自己持有一点股权，也能实现财务自由。

如果去一些没有上市的公司，帮助它上市，这种情况下能获得很多股份，跟领导、董事长的关系也会比较近。

Q：投行的工作强度非常大，如何让身体更快地适应工作状态？

A：我觉得有几个小方法可以分享。一是按时睡觉、不要太晚。如果领导晚上9点告诉你明天要交什么工作，首先你得权衡一下工作大概需要花多长时间，比如说两个小时能做完，最好做完了就立刻睡觉。如果你觉得需要五个小时至六个小时，那可能得做到凌晨3点才能睡觉，这种情况下你做到12点或1点就赶紧休息。然后早上五六点起来接着做，但一定要按时睡觉，不能晚于凌晨1点。

二是可以买一个降噪耳机，在上下班路上听听音乐或者睡一会儿。

三是保证平时营养充足，多吃高蛋白的食品，例如鸡肉、牛肉，吃一些蛋白粉或者买一些维生素片，保持自己身体的营养均衡。

四是保持健康的心态，闲的时候看些轻松的读物或节目，最好抽空做一些运动，例如打篮球等都是很好的。

Q：是什么支撑您在投行领域深耕下去呢？

A：我现在已经过了而立之年，年少时的张狂在逐渐消散，更多的是对生活的妥协，至少投行这份工作能够让我给家人带来更好的生活条件。当然，我们也需要有梦想，比如发挥自己理工科的兴趣，在项目承揽、承做方面，更多地为未来中国科技之光的企业做好服务，协助这些企业借助资本市场的力量不断壮大，为实现祖国在21世纪中叶建成现代化强国添砖加瓦，希望有这么一天，我也能做到达济天下。

本文编者：邓博文

本文校对：潘　越

头部券商投行的挑战和机遇

嘉宾经历

- 本期嘉宾本科就读于某"985院校"软件工程专业,研究生毕业北京某顶尖院校。
- 嘉宾的实习经历包含某头部券商投行部。
- 嘉宾目前已经通过暑期实习成功留用。

我们有幸邀请到十二于晚上10点在线上进行一次交流访谈。届时,十二刚刚下班,神情略显疲惫,戴着耳机在自己的出租屋接受了我们的采访。

十二于2020年研究生毕业,刚刚在一家头部券商正式入职,由于实习期的优异表现,他的工作能力得到了上级的一致好评,而他实习与正式入职的时间与现在相近,所以他的经历和经验对想进入投行的我们也有着明显的指导意义。

峰回路转，柳暗花明

"我高中时的学习成绩一直不错，原本计划去中国人民大学读金融。因为当初我读过的书、接触的人，许多都与金融相关，所以对金融产生了浓厚的兴趣。在中学期间，大家往往对职业发展没有概念，大多数同学在填报志愿时，要么跟着感觉走，要么寻求专业报考老师的帮助，所以如果高中便能明确理想专业和职业方向，是一件难能可贵的事，最好努力坚持下去。"十二说道。

"只可惜后来高考发挥失常，我与心目中的理想大学擦肩而过，在权衡利弊之后选择了另一所'985院校'。那是一所工科学校，专业多为航天、发动机、材料等工科专业。由于我在内心深处还是渴望有朝一日能够改行回来做金融，所以选择了软件工程这样一个存在过渡可能性的专业。软件工程的对口专业是去做工程师写代码，但我在本科生涯将近过半时，发现自己不是特别喜欢工程师这份工作，于是计划通过读研转向金融，未来从事投行工作。由于投行需要比较扎实的财务和法律功底，因此我便打算通过辅修学位的方式提前做好准备。不过当时学校刚刚开放双学位，只有数学、英语、法律三个专业可供选择，于是我便辅修了法律。后来，又通过考研成功转到了金融方向。

"入学后一个非常重要的环节是导师双选。我所在学院的传统是学生一入学就开始实习，尽管这是学校明令禁止的事情。为此，老师在师生见面会中明确说明不想要打算提前实习的同学。而我并非金融科班出身，对金融行业的实习工作没有概念，因而决定研究生期间多在学校上课、积累知识，这正好与老师的理念一拍即合。后来很长一段时间，我都跟着老师在学校做与科研相关的工作，以及担任老师一部分课程的助教。直至研二上学期即将结束，身边许多两年制的同学找工作快要尘埃落定时，而我却连一份实习都没有，也就是在那时我产生了一些危机感，于是找到老师商量解决方案，老师便将我推荐给了已在头部券商扎根数年的知逊。随即，我开始了自己的第一份实习。

"知逊与我是同门师兄，虽然我之前未曾实习过，但他还是愿意教我许多知识和技能，也愿意将难度稍高的工作分配给我。由于在实习期间接触的工作较多，我成长得比较迅速。时间来到5月，正是大家开始寻找暑期实习的日子。当时部门领导对我的印象不错，便直接推荐我去参加暑期实习的笔试和面试。通过考核之后，我在6月左右转为暑期实习生。"十二坦言，金融行业暑期实习生的竞争一直非常激烈，他认为自己能拿到暑期实习的录取机会，是有一些运气成分的。

寒来暑往，转眼已是秋招的时间，但十二没有投递其他任何一家公司。因为他在公司实习期间做得不错，认为自己获得录取的概率应该不低，并且当时的工作节奏很快，如果再花时间投递其他公司，非常影响工作状态。

10月考核完毕之后，十二一直处于实习状态。投行不像银行，可以在收到录取通知之后开启长假，毕业之后再入职，而是要持续工作到入职。十二告诉我们，直到次年元旦后收到录取通知，他的心态才真正安定下来，从而将精力全部集中于实习本身。

回顾完自己从求学到入职的整段经历，十二长舒了一口气，接着说道："我走的这条路，可能相对比较极端、比较小众，但这条路本身是利弊兼有的。一方面，这种在一棵树上吊死而不留保底录取通知的做法特别理想化，需要承担巨大的风险。一旦没有取得目标公司的录取通知，往往需要从头开始寻找工作，这将对我们的心理状态产生严峻考验。另一方面，相比于短期实习，长期实习确实能够得到更多的锻炼。短期实习一般只有三个月，其中可能需要花费一个多月的时间了解团队中的人、了解项目的进展情况等，真正能投入工作、学到东西的时间只有剩下的一个多月。如果每满三个月就换一份实习，那么每段实习都要经历一个多月的磨合期，效率十分低下。如果坚持在一个岗位长期实习，只需经过一个磨合期，大家便能互相知根知底，因为往后还会共事很长一段时间，他们也愿意将难度更大、更加核心的任务交给我们。"十二对我们说，由于这份长期实习的存在，虽然他才正式入职三四个月，但是实际上已经从事投行工作近两年了。

吃苦耐劳，不惧挑战

谈及实习留用，十二认为："第一，也是最重要的是能否吃苦。这不仅是我在实习期间的感悟，更是我在正式入职之后判断实习生是否适合留下的标准。众所周知，投行的工作强度很高，加班熬夜基本无法避免。但是我们从未明确要求实习生加班熬夜，承担多少工作全凭大家自觉，如果愿意多做一些，就能多学到一些。当然，只要愿意付出，领导和同事都能看见，也会对实习生留下良好的印象。可以说，能否吃苦是实习生能否留下的决定性因素。第二，项目过程中也有许多比较琐碎的工作，需要比较细心的人来做。比如，整理底稿、收集文件等，这些工作虽然不是决定性的，但是也会形成一些判断结果。如果经常在这类简单的工作中犯错，会给人留下'不靠谱'的印象，难以获得留用机会。第三，与公司文化相对比较契合的实习生更容易获得项目组领导的认同。

"至于财务和法律功底，实习期间能够掌握相关知识固然很好，但是基础薄弱一些也无伤大雅。因为在实习阶段，涉及重大事项的核查与判断会交由正式员工完成，另外还有发行人律师和会计师提供参考意见，基本上轮不到实习生来解决。不过，财务和法律的知识储备常常是决定正式入职之后业务水平的关键因素。

"对于实习生而言，熟悉Word、Excel、PPT等'搬砖'技能是必需的。尤其是PPT，在投行实习过程中被用到的频率非常高。不论是项目竞标，还是项目汇报，都需要使用PPT进行展示。如果能够熟练掌握这些基本工具的使用方法，可以大大提高工作效率。此外，可以提前准备或者积累与投行业务相关的知识。也许你并不知道投行的日常工作是什么，但你可以通过阅读上市公司的招股说明书和相关公告，了解IPO过程中需要重点研究或者核查公司哪些方面的哪些内容。你还可以主动了解投行业务相关的法律法规，例如科创板和创业板的有关规定，尝试总结注册制前后发生的变化。一方面，这些是投行面试中的常见问题。另一方面，这些也有助于大家尽快熟悉实习工作的具体内容。"

"师兄刚才提到的这些因素，包括吃苦耐劳等，都可以通过努力得到改变。但也有一些能力难以通过努力提升，比如悟性。我们也采访过知逊，他说自己有时刚发出材料还没说话，您马上就能明白接下来的工作是什么，所以对您的评价很高，想知道您是如何做到的呢？"我们终于有机会向当事人请教这个问题。

"首先我觉得知逊的评价有些不客观。如果他什么都不说，我不太可能明白他需要什么。除非我们之前做过同样的事情，他下次再安排给我的时候才不需要重复。"十二又补充道，他之所以能获得这么高的评价，是因为他跟随知逊学习了很长一段时间，总归形成了一些默契。为了与领导和同事建立和培养这种默契，十二建议我们进行长期实习，因为磨合期是每段实习的必经之路。如果每满三个月就换一份实习,那么大多数时间可能都耗费在了磨合过程中。反之,如果把每份实习都做长,就能省出一些熟悉环境的时间,从而有更多机会接触到核心工作。

不过,尽管得到的评价很高,十二的实习和工作经历也并不是一帆风顺的,同样遇见了许多困难。他将这些难题分为两类,第一类是需要处理之前未曾接触的业务,第二类是极高的工作强度。对于第一类难题,由于之前没有接触过相关业务,所以需要花时间进行研究和学习。"这既是挑战,也是动力。"十二说。对于第二类难题,即使之前已经体验过,但堆积如山的工作还是令人十分崩溃。特别是项目申报之前,待办事项仿佛潮水一般涌来,而每个人手上又通常不止一个项目,各个项目上事务的叠加,更是加剧了处理难度。

"我印象最深的是7月刚入职的时候,监管机构要求我们公司协助撰写一份资本市场的调研报告,领导让我主要参与这项工作。当时我还在参加入职培训,培训从早上8点开始到晚上6点结束,每天培训结束后还有一些作业要写,我只能在完成作业之后加班加点撰写这份报告。在连续一周多的培训期间内,我每天晚上都在熬夜。经过反复修改和调整,我们在不影响原有工作的基础上,前前后后花费了近两个月时间才完成这份报告。这两个月可能是我进入公司之后压力最大的一段时间。"十二说。

说到这里,十二端起茶杯,轻轻抿了一口,接着对我们说:"对于投行从业人员而言,协调和统筹各个项目上的工作其实是至关重要的。"根据时间管理的四象限法则,可以把工作按照重要和紧急两个维度进行划分,从而分为既紧急又重要、重要但不紧急、紧急但不重要、既不紧急也不重要四类。"新工作会源源不断地产生,我们首先需要识别哪些是比较紧急的工作,并且判断需要花费多少精力或者多长时间才能完成,然后根据工作的截止日期制定待办事项清单,最后按照清单的顺序依次进行工作,每完成一项任务就画掉一项。"十二认为养成制订计划并随手记录的习惯十分重要,因为事情一多就会非常容易忘记,同时制订计划也有助于克服拖延的问题。

"如果让我对现在的你们,也是对过去的自己说一句话,那么我一定会说,'要好好珍惜上学的时光'。当我走出校门的那一刻,我才真正意识到,自己真的再也回不去了。大部分人毕业后便开始为生活忙碌奔波,工作几年还能回去读书的人凤毛麟角,而我又已经硕士毕业,更是几乎再也没有机会能回去上学了。曾经有一段时间,每当我想到自己的学生生涯已经完全宣告结束时,内心总是升起一丝失落和惆怅。因为我在工作之后才明白,上学的时候是多么自由和幸福。如果现在正在阅读这本书的你仍处于学生时代,那么你是自由和幸福的,要把握和珍惜这段时光去学习自己想学的知识,做自己想做的事情,这些我们在学生生涯中习以为常的东西,对于步入工作岗位的人而言已成为一种奢望。

"现在,我非常能理解老师们为什么不让学生实习。同时也希望仍处于学生时期的读者们正确看待实习这件事,从实习带来的意义上来讲,其深度远胜于广度,为了多找几份看似高人一等、出人头地的工作,课都不上就跑去实习,每天把几个小时耗在通勤上,得不偿失。更何况,多一份或少一份实习,很多时候并不是你能找到什么工作的决定性因素。我们硕士毕业时的年龄一般是25岁,而目前的退休年龄是男性60周岁,女性55周岁。随着人口老龄化进程的不断推进,未来退休年龄可能还会延迟。换句话说,我们将来毕业后可能要连续工作40年才能退休,而研究生阶段却只有宝贵的两三年。我们工作之后再看上学期间早早跑去实习的行为,可能自己都会发笑。"

此外，学长还向大家分享了两条小建议。

"第一是可以充分利用在校时间去发现自己的职业兴趣。我们专业的同学就业的时候做什么的都有，去往银行、证券、保险等传统金融行业的群体规模仍然非常庞大。大家可以提前了解各种不同的工作，并且结合自己的特长和兴趣，思考自己未来的职业发展道路。

"第二是在校期间多积累知识，特别是未来想进投行的同学。投行的正式工作开始之后，我们很难拿出大段的时间学习知识，因为工作压力实在太大。比如，今天早上我要向公司提交一份材料，是昨天晚上才临时通知的，而且只有我一个人负责。写到凌晨4点半，我发现自己的脑子实在转不动，就去床上睡了一会儿，定了6点的闹钟准备起来接着写。但可能是因为我的大脑连续好几天超负荷运转，我一直到7点才爬起来，而且感觉今天一整天都处于废了的状态。突然出现紧急工作也是投行工作者的常态。其他工作可能没有我们这么忙，但是每天需要处理的工作也不少，因此工作之后很难再拿出大段的时间去充实自己，所以才要充分利用在校时间进行学习。最后，希望大家珍惜现在，也祝愿大家有个美好的未来，加油！"

总　结

学生读者们可以充分把握这段可以完整利用起来的时间，结合自己的特长和兴趣去发现自己的职业偏好，进行有针对性的学习和准备。可以通过阅读上市公司的招股说明书和相关公告，了解IPO过程中需要重点研究或者核查公司哪些方面的哪些内容。还可以主动了解投行业务相关的法律法规，例如科创板和创业板有关规定，尝试总结注册制前后发生的变化。

准备转行进入金融行业或进入投行工作的朋友们，希望你们能够通过这些分享了解投行人大致的生活状态，磨砺好自身吃苦耐劳、细心专注的基本素质后，可以选择由小平台入行，对所做的业务有了基本的概念，掌握了一定经验和资源之后再等待机会向中型及大型平台跨越。

快速问答

Q：请问投行对第一学历的具体要求如何？

A：头部券商非常看重第一学历，我公司对第一学历的要求应该是清华、北大、人大、复旦、西安交大、浙大和央财的水平，我们的实习生也基本上是来自这几所学校的同学，竞争比较激烈。大家一直认为金融是高薪行业，所以都想来试一试，从而导致投行长期处于劳动力供过于求的状态，投行求职时的高学历门槛也因此出现。

如果第一学历不好，可以通过两种途径进行弥补。一是实习亮眼。如果你的第一学历不太好，但是拥有"三中一华"等头部券商的实习经历，也是非常具有竞争力的。因为能够进入这几家头部券商实习，本身就代表了它们对你的肯定。二是"曲线救国"。投行的人员流动性通常比较大，所以如果因为第一学历不好而无法进入头部券商，可以先通过小平台入行，熟悉业务之后再等待进入大平台的机会；还可以先去"四大"或者律所从事证券相关的业务，积累了一定的工作经验之后再转入投行。

Q：请问您实习时印象最深的项目是什么？

A：让我印象最深的项目是一个拟IPO项目。我从刚开始实习的时候就在做这个项目,到现在已经过去快两年,这个项目还没有申报上去。由于每个项目都需要确定一个基准日,然后在此基础上提供财务、法律等方面三年一期的相关信息。比如,我们现在最近一期的基准日是2020年6月30日,那么提交材料中就需要包含2017年、2018年、2019年、2020年1月至6月的相关信息。但是这些信息的有效期只有半年,如果2020年12月31日这个项目还是报不上去,上述信息就失去了效力。我们之后再报送时,需要往后推一个报告期,这意味着我们要把这个报告期内公司的相关材料全部核查一遍。这种事情我前前后后已经做了五次,所以让我印象深刻。

本文编者:吴星星

本文校对:马　圆

从审计到投行的转型启示

嘉宾经历

- 本期嘉宾研究生毕业于北京某顶尖院校。
- 嘉宾毕业后,具备四年审计工作经验。2015年,公司债爆发时进入某险资券商,主要负责地方政府融资平台的发债工作。

在阿飞应邀到学院进行"财务知识在工作中的应用"这一主题的分享时,我们赶紧抓住机会,与他面对面地交流请教。阿飞面色和善,平易近人,即便是第一次见面,大家也未感受到丝毫生分和拘谨。一口普洱入喉,阿飞便为我们慢慢讲述了他的投行故事。

条条大路通罗马——审计出身的房地产融资总监

"我在2011年毕业之后首先从事的是审计工作,主要负责金融机构审计,大概做了四年。2015年,正好赶上公司债爆发缺人,于是去了某险资券商,在那里我主要负责地方政府融资平台的发债工作。**地方政府融资平**

台一般是指城投公司，包括交投和城投等，因为'政企分开'的要求，地方政府设立城投公司负责当地基础设施的投融资。在险资券商工作了两年之后，2017年我又去了某合资券商，但2017年年末外资股东已撤离。我目前主要负责北京市的地方国企以及房地产行业的融资项目，特征化比较明显。因为现在券商的头部效应非常突出，小券商如果没有自己的特色，可能很难揽到业务。我们目前的主要客户是北京、河北、福建等区域的一些知名房地产企业，以及北京市的部分国有企业。"

"所以您最先从事的是审计工作，之后是因为把握住债券爆发的机遇才进入了投行？"我们对阿飞的职业选择之路感到好奇。

"可以这么说，"阿飞微微点了点头，接着说道，"审计工作确实比较辛苦，不仅工资偏低，对个人的发展也有明显的限制，所以转型是审计行业中大部分从业者都将面临的问题。不过，作为金融业职业道路的起点，审计也具有一定优势，因为它可以为未来发展打下坚实的基础。一方面，在审计工作中，我们能够熟悉行业规范，这既来自公司相对完整的培训体系，也来自自己在工作中的探索。但如果从业起点在一家小公司，对于规范和礼仪的了解可能不会这么细致，因此对于想以审计作为从业起点的同学，我的建议是一定要想办法去大平台。另一方面，在审计工作中，我们可以接触形形色色的客户，从而增加自身的知识储备并扩展自己的选择范围。可以说，有了前期审计工作的铺垫，后期进入投行会相对容易一些，这也是行业中很多人以'四大'（四大会计师事务所）为跳板的原因所在。"

"您刚才提到前期熟悉行业规范对后期去投行有帮助，这里的行业规范具体包括哪些方面呢？比如，是否需要比较坚实的财务功底作为支持？"

"其实去了投行之后并不需要太多财务知识，只需要做一个简单的判断，知道某个问题该问谁就可以了。做投行业务并不是简单地强调财务功底等扎实的硬技能，与人沟通、合作等软技能反而是更加必不可少的。"

"那么，以后投行是否会提升员工对财务知识的要求？"我们之前曾听老师提起，现在国内投行主要负责的是国外律师的业务，未来可能会进行改革，更加强调估值能力，所以也想了解阿飞对这个问题的看法。

"针对这个问题，首先简单介绍一下投行的构成。**第一类是股权类业务**，一般是纯一级市场的业务，比如企业的IPO；**第二类是并购类业务**，比如某个上市公司计划收购另一家标的（另一家上市公司或另外一家小公司）；**第三类是债券业务，包括传统的债和传统的ABS等。我们也可以从人员分工角度将上述业务分为三块：承揽、承做和承销。**"

"首先是承揽阶段，**承揽阶段的主要工作是招揽客户**。客户的来源渠道大致有两种：一种是个人关系；另一种是公司渠道。比如对于光大证券而言，光大银行就是天然的客户来源渠道，光大证券可以请求光大银行帮忙推荐当地客户，如果最终与客户达成合作，那么光大证券和光大银行都能够提升业绩，所以从整个集团层面而言，这种行为也是值得鼓励的。

"然后是承做阶段，**承做阶段的主要工作是根据证监会和交易所的要求，撰写并提交一系列文件**。撰写文件的过程需要一系列支持，支持的过程被称为尽职调查。一份招股说明书或募集说明书的起草，需要业务、财务、历史沿革等方方面面的支持。业务方面可能会涉及行业情况，比如公司某项业务的毛利率*是35%，我们需要判断这个数字是否处于行业的正常范围。财务方面则可能会较多地涉及财务知识，我们需要判断公司的各项会计政策和财务处理是否合理。

> **知识小卡片**
>
> ★ 毛利率
>
> 毛利率是毛利与销售收入（或营业收入）的百分比，其中毛利是收入和与收入相对应的营业成本之间的差额，用公式表示为毛利率＝（主营业务收入－主营业务成本）/主营业务收入×100%。

"至于投行业务与律师业务的关系，现在许多国外投行，甚至一些国内投行，都会针对项目雇用主承销商律师负责尽职调查。律师在进行尽职调查之后，会根据券商的要求或者行业的惯例编制尽职调查报告的底稿，并且给出结论性的意见。这样一来券商能够省去许多工作，加快项目落地的时间，因而这也是未来的发展趋势。不过，虽然将尽职调查等工作外包给律师能够降低工作量，我们仍旧需要深入了解行业和客户，尤其是要关注客户的风险状况，并为可能发生的问题做好准备。此外，我们也需要对律师撰写的各种材料进行复核。

"最后是承销阶段，**承销阶段的主要工作是将股票和债券销售出去，使公司最终获得融资的资金**。我们在承揽阶段得到一级市场的证监会的批文之后，就可以面向市场融资。比如，我们怎么将证券推荐给银行，甚至推荐给个人投资者，这个过程考验的是券商的销售能力。对于承销而言，有两点至关重要：一是掌握销售渠道，二是具备良好的沟通交流能力。承销是券商工作的重要组成部分，因为券商在证券售出之前一般不会提前收费，即使有收费，数额也很少。券商最终收取的是承销费，而且是按照售出证券的一定比例收费，这才是它的盈利模式。

"所以对于券商而言，承揽、承做、承销缺一不可。如果承揽能力不好，公司可能没有项目；如果承做能力不好，项目可能做不出来或者拿不到批文；如果承销能力不好，最后股票和债券销售不出去，公司得不到融资，券商也拿不到承销费。"

"您刚刚提到的承销，是不是也需要资源和渠道？"我们追问道。

"确实有些资源方面的因素，比如我想卖债券，投资机构为什么要买我的债券？**购买证券的机构主要是银行，其次是理财公司、基金公司、资管公司等。银行购买债券，一是看银行和客户的关系，二是看能否在分行发起流程并获得批准；至于基金和资管，一是客户是否符合准入条件，二是投资机构的购买偏好，三是具体对接投资经理的购买偏好。**债券的销售过程，一方面是市场化行为，如果定价合理、收益可观，就能够得到投资者的青睐；另一方面是个人因素，如果能与投资者保持良好的关系，对方自然会来购买。总而言之，承销与承揽相似，对个人资源都有一定的要求，所以承做一般是绝大多数新人从事的工作。

"不过，这些都是一级市场行为，可能与二级市场有较大差异。比如，个人买卖股票就是一种二级市场行为。刚才提到的估值能力，投行或者一级市场对估值能力的要求相对较低，而PE在这方面的要求可能会高一些。"

"那一级市场和二级市场具体有哪些差异呢？"我们当中对二级市场的工作颇有兴趣的小伙伴问道。

"二级市场研究员更倾向于在全面了解整个行业背景的基础之上分析个股，一级市场则要求对单个企业或者说是客户具有深入而彻底的了解，对行业整体情况的要求不如二级市场那么高。二级市场研究员分为两种，买方研究员和卖方研究员，二者的主要工作都是撰写行业报告。买方研究员的行业报告将被提供给投资经理作为投资建议，如果投资经理认为建议合理，便会进行投资。公司内部存在一套考核机制，如果研究员表现不错，可以获得一些奖金。相比之下，卖方研究员的压力更大。因为只有基金经理或者资管投资经理根据行业报告购买被推荐的股票，研究员才能够拿到佣金。卖方通常需要得到基金或者资管的认可，所以新人往往需要更长时间才能站稳脚跟。"

随后，阿飞分享了一些关于职业选择的建议："关于第一份工作的选择，如果家庭经济条件不是特别困难，最好不要过分关注收入水平，而应注重平台和未来的成长机会。此外，除非天赋异禀或者资源丰富，否则还是尽量避免销售和推广性质的工作。比如，券商有一个类似于渠道管理的岗位，只有掌握了丰富的社会资源才能胜任，如果新人负责这项工作，也许只能帮忙举办活动或预订酒店。因此，第一份工作必须慎重考虑，最好选择大型、正规的机构，同时发展前景良好的工作。

"现阶段，如果你们想为将来的工作做准备，一方面可以补充知识，另一方面可以思考自己想做什么工作或适合做什么工作。"阿飞如是说，"可以关注一些求职论坛，首先了解某项工作的内容是什么，然后再进一步判断这份工作是否适合自己。不过最简单的方法是根据性格选择行业，如果比较喜欢闷头做事而不喜欢和人打交道，投行可能不是明智的选择，也许研究性的工作会更合适。"

除了性格之外，阿飞认为从事投行工作往往还需要具备以下六项条件。

"第一，要有事业追求。坚持投行这份工作一定不是为了钱，毕竟奖金可能一年才发一次。投行的工作非常辛苦，而且经常遇到棘手的问题，所以首先要有事业的追求，觉得这份工作能给自己带来成就感，或者希望能够在这个行业成就一番事业。

"第二，家境不要太好。投行不是一个技术门槛很高的行业，然而工作强度却很大。如果某人的家庭条件比较优渥，那么他往往没有动力从事这么辛苦的工作。

"第三，要有解决问题的能力。对于领导交办的任务，不论采用何种处理方式，都要想方设法完成。

"第四，要有抗挫折能力。比如，今天你给领导发了文件，但是领导没有回复。这很可能是领导太忙没有看到，所以不要太敏感或者产生挫败感，之后可以继续联系他，如果始终没有得到回复，就要想办法找到原因。而且项目在推进的过程中总会出现许多困难，如果一直唯唯诺诺或者想得太多，工作将很难进行下去，所以抗挫折能力非常重要。

"第五，要保持良好的身体素质，因为投行的作息时间非常不规律，良好的身体是工作的保障。

"第六，要取得家人的支持。我现在的出差频率已经降低了不少，但去年还是飞了大约50趟。现在我的出差安排相对灵活，但是新入职的员工出于成本考虑或者工作考虑，可能要在现场工作两个星期甚至一个月，因而要与家人分开比较长的一段时间。"

说到这里，阿飞停顿了一下，语重心长地对我们说："投行只是一份表面光鲜的工作，需要你在背后付出很多。这份工作前期确实能让你收获一些金钱，但是后续的转变也比较困难。当然，总体而言，这至少不是一份很差的工作。"

对于立志从事投行工作的后辈，阿飞的建议是首选大型券商，如果进入小券商则需要关注三点。

"第一是所在的团队。现在很多小型券商甚至一些中型券商都采用团队制，比如我之前工作的险资券商，债券业务可能就分了六个团队。所谓团队制，是指新人入职时分到哪个团队，之后的工作就围绕这个团队展开。从某种程度上而言，员工只是进入了这个团队而非这个公司，因为公司内部团队之间的关系可能比券商与券商之间的关系更为疏远。由于团队中所有人的考核或评价都由队长决定，所以如果要进入这样的团队，一方面要关注领导的为人处世，比如分配奖金合不合理、公不公平；另一方面要判断自己与团队是否合拍。

"第二是有没有项目。如果公司没有项目，就容易被时代落下。经常有人说，'投行承做全是项目喂出来的'，一年一个项目与一年十个项目，对提升工作能力的作用自然是天差地别。此外，如果承做的基本功不过关，也很难转向承揽。

"第三是有没有系统培训。如果有幸进入一个氛围很好的团队，承做本身的业务水平过硬，又愿意耐心指导工作，你就能够获得快速成长。但如果是一些氛围一般的团队，进去之后也许只能进行重复性工作，而很难对投行业务的整体框架形成系统性的概念，这就比较考验自身的悟性。

"因此，如果没有机会进入大型券商，而只能去小型券商的话，实习是必要的，因为小型券商的风险非常大。在实习过程中，需要着重关注领导的为人处世，判断自己是否与团队合拍，同时也要关注公司团队正在从事的工作，比如是各个项目在有条不紊地推进，还是一直在承揽客户而没有现成的项目，或者是每天都在做无用功。在了解这些信息的基础之上，再决定自己应不应该留下来。

"此外，需要谨慎进入外资券商。目前，纯外资或外资主导的券商包括摩根华鑫、瑞银、高盛高华等，这些券商起薪很高，而且看起来更高大上，但问题在于业务太少。外资券商本土化程度较低、业务发展较差，且短期内没有突破的趋势。所以在进入外资券商时，一定要关注其是否有足够的业务。如果没有项目参与，应届生工作几年很难得到锻炼。这样一来，几年后跳槽的时候可能什么也不懂，也许只会画外资券商风格的PPT，而这对于投行工作而言意义不大。领导需要的是，任务交办下来之后，你能在保证一定质量的情况下按时做完。

"总之，选择平台时一定要谨慎，小型券商需要提前实习了解情况，加强与正式员工或研究人员的交流，外资券商则需要尽量避开。"

脚踏实地，迈入大门

"头部券商对第一学历的要求通常很高，您怎么看待这一现象？"

"头部券商确实对第一学历有很高的要求。从能力层面而言，其实大家都可以胜任，但是问题在于竞争人数太多并且同质化严重，HR不知道该怎么挑，所以只能设置一些门槛。如果第一学历差一些，可以通过实习弥补，另外尽量考一下CPA。

"因此，面试一定要拿出亮点。我们公司总人数较少，因此有时候人力也会要求我去客串一下面试官。我做面试官一般关注两方面，一是简历亮点，二是对我们公司或实习岗位的了解。

"简历亮点主要是指实习和CPA，如果没有CPA，也可以提前熟悉一下会计知识。实习经历不需要太多，特别是不要太多同质的，有刷简历的嫌疑，比如在多个中小型券商都只做了很短时间，会给面试官留下不好的印象，会让人觉得候选人不够踏实。此外，对简历上的实习一定要有所了解，不要简历上写得天花乱坠，但实际上连这个项目的具体情况都不知道。

"面试之前最好要了解目标公司，特别是公司的基本情况和业务种类。如果要做股，可以去证监会看看招股说明书的构成；如果要做债，需要了解债有几种以及这几种债的披露平台。我前几天招实习生的时候，遇见一个本硕都是重点院校的学生,今年研一,我看到他的简历,问他为什么一段实习都没有,结果他自己也说不上来,这种劣势就很大。但是也有一些学校较差的学生,来面试之前把整个公司做的项目列了一遍,也说明了自己的想法,可能他说的不对,只要用心准备了,是带着诚意来的,不是海投,这种就会好一些。毕竟,对于面试官来说,能力拉不出太大差别的时候,态度决定一切。

"此外,要主动和面试官找话题。我面试候选人时,人力要求需要和每个应试人至少沟通15分钟,但是我有时候到后面就不知道该问什么了,就希望候选人主动和我多说一会儿。我面试的时候最怕的是,只会问一句答一句,那聊完15分钟是很难的。不过你们现在作为第一梯队院校的硕士,本身便有了一个很好的起点。"

"您刚才说他们的门槛都是形式上的,是为了筛选而设置的,那么实质上进来之后,大家是怎么进行筛选的呢,哪些人能拿到正式的录取呢?"我们迫切地问到这一关键问题。

"一方面是靠谱,就是我交办你一个工作,你一定能够完成,不要让我说好多次,更不要我说了好多次你都不懂,听懂之后也要有能力去完成。另一方面是要大方自信,不懂就问,不要战战兢兢。比如,我给你安排了一个任务,你需要自己先大致思考一下我想要什么,然后再找我求证,不要拿到任务直接就让我给你从头到尾讲一遍。再如,领导交办给你一个任务,如果领导没有告诉你时间要求,你首先要对自己保质保量完成任务所需的时间进行预估,然后再去问领导。得到反馈之后,如果你认为自己能完成就接受,如果觉得时间比较紧张,也可以向领导反馈。如果你完全没思考就直接问领导反馈的时间,领导说晚上做完,你答应下来以后发现做不完,这就不太好,所以合理表达自己的意思很重要。我比较怕的是在做的过程中没有反馈，做完之后交给我一个很不像样的成果。总之，向领导反馈前一定要有自己的想法，不要下意识地马上就问。另外，每天去实习的路上想一想，我昨天做了什么，今天的工作主要有哪几项，有哪些难点。然后如果说你要去和实习领导沟通，那么不仅要想如何提问，还要预估一下领导大概会怎么回应，他回了之后你应该怎么说，你要达到什么效果。总之，要学会换位思考。"

"关于工作当中的一些细节您有什么建议吗？比如，哪些事情应该做，哪些事情是禁忌？"

"第一，先多听，然后再说，不要乱说话。因为在你不确定这个人的立场的情况下，你说了可能会引人忌讳。第二，把自己的工作做好。第三，关于打小报告这一点，如果团队里有人不好好干活之类的，我觉得尽量不要直接和领导说××不行，专注精力把自己负责的事情做好。第四，去实习之前把Word、PPT都学一下，比如Word标尺怎么用、字体、格式、行间距、段前段后、首行缩进等，这些是最基础的，应该都要掌握。最好能够熟练掌握PPT的制作，至少掌握横向分布、纵向分布等基础功能并会使用模板。"

"我现在是处于研三，在某家公司已经实习了五六个月了，但是我现在还不确定自己是否能留用，同时这个时候又正在秋招，我应该如何协调这两边的时间安排呢？"一位同学提出了自己的疑问。

"我觉得如果你已经实习了五六个月，应当有能力和你的直属领导建立一个比较良好的关系，通过他去了解今年的招人政策或者上层领导对你的态度。如果你连这点都做不到，这就是个人的问题了。比如，我带的实习生，其实我也不确定他能不能留下，但是我会向我的领导提建议。如果你能够获得直属领导的建议，他会推荐你留下，这对你留用还是很有帮助的。同时我觉得你可以晚上加加班，自己去投几个你真正想去的公司，不用海投，然后到时候请假去参加面试也是可以的。"

仰望星空，展望未来

"请问您是如何看待转型问题的，比如承做转高管或者承揽，再或者做股和做债的转换。"我们问道。

"我觉得现在考虑转型的问题对你们来说还太早了。等你工作五年或者更长的时间，再去思考这个问题。这个需要看你的个人能力，如果说你能力一般，然后也不想再做得那么辛苦，就可以考虑转后台部门，或者转企业。如果你本身能力特别好，比如你有能力带团队，则可以转为管理，或者你和客户有很好的关系，那么可以考虑转到客户那去做证券代表*。

> **知识小卡片**
> ★ 证券代表
>
> 即证券事务代表，是上市公司必需岗位，隶属于董事会秘书领导的证券事务部，职责范围多同董事会秘书。

"目前来看，虽然做股和做债都是做投行工作，但其实是走上了两条路。做股的话，常年在一个客户上，工作压力比较大，收入我不确定有多少，但是根据我朋友提供的信息，新入行的员工也赚不了太多，而且他认为虽然他是保代，仍然感到前途堪忧，我做债也是同样的感受。可能工作要看缘分，看能找到什么样的工作。至于做股和做债的话，都是一样的道理——头部效应显著。相对而言，做股可能小平台更差一些。

"因为做债的话,每个项目很快,所以做债的一个好处就是项目数量多,即使年景差或者是平台差,做上十几个项目总有三四个成功的。但是如果去小型券商做股,做一个项目就要花两三年,而且小型券商的股权项目大多不靠谱,两三年的时间投入进去,如果结果失败,机会成本会非常高。所以,如果能去大平台,当然更好,如果只能去小平台,做债可能机会更多些。"

"我们之前也听其他前辈提到过,做股有可能跳到做债,但是做债几乎很难跳到做股,您怎么看待这个问题呢?"我们问道。

"其实做股和做债是两个方向,基本很难有交叉。做债对专业程度的要求很高,我们这个行业具体细到什么程度,比如某个地方是手签字还是人名章,是需要盖章还是签字,这些都要了如指掌。比起做股转型过来的人,我为什么不直接找个做债的呢?况且做股和做债的转换成本太大,这一点随着你未来的级别越高,转化成本也越大,所以得硬着头皮走下去。至于说哪个好,我觉得也谈不上,与你所在的公司、所处的团队以及领导都有非常大的关系,这真的是概率问题。找工作除了自身实力外还有两个非常重要的东西,一个是大环境,另一个就是自身的运气。"

"那么现在投行业务是否会因为注册制改革而产生红利期?比如,会不会有更多的项目,会不会给新人更多机会?"我们问道。

"我觉得当你们毕业的时候,差不多一年后,注册制的红利可能就已经过去了,新修订的证券法在2020年3月1日已经开始实施了,对于债券来说,我们的审核更松了。但是就我个人感受而言,我需要用的人反而更少了。因为以前的项目可能需要交易所预审、证监会批准等一系列步骤,而现在是交易所审核、证监会注册,项目更容易过,也就不需要那么多实习生来帮忙了。所以在看到行业红利期的同时,也要注意手续的精简是否会导致实习机会的减少。对于金融系应届生而言,实习机会的影响是更致命的。"

阿飞补充说:"对于我们而言,机会可能更多地来自未来新品种的推出,注册制改革的红利也许不会太大。因为现在的注册制只是在存量下的改革,未来可能有更多企业想上市,但即使实行了注册制,大家对企业能否上市的判断也还是一致的。不过,如果有新的板块、新的品种出现,比如之前科创板、新三板的推出,确实会出现很多机会。

"今年的机会可能是公募REITs。现在公募REITs主要是券商主导,公募REITs一定涉及两个部门,一个是券商的资管部,另一个是公募基金。现在一般都是券商主导的,而基金业务方面就是同一个集团下设的公募基金去配合,但未来很有可能就是公募基金来主导,找券商来做通道。如果能去公募基金做相关的业务也是一个非常好的机会。公募基金未来前景确实很大,至于时间还不好说,不知道哪一年会爆发起来。"

"公募REITs的崛起也会给大家带来进入基金工作的机会。以前基金的特点很鲜明,销售去市场上募资,然后投资经理去投资,现在多了公募REITs业务。公募REITs指引要求公募基金必须去做尽职调查和核查,这肯定需要大量的人力,我觉得那可能是一个进入公募基金工作的机会。现在可以多加几个金融相关的公众号多看看,如梧桐树下V、小兵研究、郁言债市以及几大券商债券研究的官方公众号等,多了解相关信息,尽量减少信息不对称的情况。"

在访谈的最后,阿飞对现在面临择业及考虑转行的朋友们给出了一些建议:"其实我是不建议大家一定要去投行工作的,因为现在券商(尤其是头部券商)非常强势。比如,有的投行实行差额实习制度,对于在校生需要一直实习到毕业。如果运气好留任还好,如果运气差没能留下,校招也会被耽误，所以风险很大。对于想转行进入投行的人，还有一个问题是新人很难出头。比如，以前我在的险资券商是利用集团的资源去承揽业务，比如集团内的银行及保险公司等。严格来讲这不是真正的承揽，会相对简单一些，毕竟银行都有一些大客户，我可以直接对接各支行的行长，对方也乐于接受，因为这对我们双方在集团内的考核都有帮助。但是这对新人而言非常不利，因为公司的内部资源已经被工作时间较久的人全部占据，而拓展新的资源又非常困难。除非出现大的变动或新的品种，老人不懂，新人才有机会。所以，如果你是在校生，可以趁着现在还没开始实习，多了解一些行业和公司，比如资管行业、银行总行的一些职能部门（如风控部），以及银行的理财子公司等，尽可能多一项选择。最后也祝愿有志在投行的朋友们，能一步一个脚印，走出一条属于自己的投行之路。"

总　结

审计工作利于后期进入投行，这也是行业中很多人以"四大"为跳板的原因。

投行业务与律师业务的关系。现在许多国外投行，甚至一些国内投行，都会针对项目雇用主承销商律师负责尽职调查，之后根据券商要求或行业惯例编制尽职调查报告底稿，给出结论性意见，利于加快项目落地，这也是未来的发展趋势。投行也需要深入了解行业和客户，关注客户的风险状况，为可能发生的问题做好准备。此外，也需要对律师撰写的各种材料进行复核。可以关注金融相关公众号，如梧桐树下V、小兵研究、郁言债市以及几大券商债券研究的官方公众号等，减少信息不对称的情况。

快速问答

Q：大家都说投行的工作强度非常大，请问您做项目的时候工作强度具体是怎样的？

A：投行的工作强度很大，尤其是新人，基本上是24小时待命的状态，工作几年以后可能会好一点。我有一个做IT的朋友，他要从早上10点工作到晚上9点，下班之后把电脑扔在公司，然后周六加一天班，周日可以照常休息。但投行不一样，投行的工作强度与项目进度有关，项目进展到很忙的时候，大家都在一起加班，电脑就要带在身边；项目告一段落之后，比如项目报到证监会，证监会审核需要10个工作日，这段时间内项目相关的工作很少，可以好好休息一下。

Q：请问目前从事务所跳投行的难度是怎样的？

A：投行的两极分化现象比较严重，如果从事务所往投行跳，进入头部券商还是有难度的，进入一般的券商应该比较简单。头部券商现在一般指的是中信证券、中信建投、中金公司、华泰联合这四家，有时候还会算上招商证券。但是先去事务所意味着要比别人多花两年时间，这两年不仅很辛苦，还赚不到什么钱，所以去事务所再转投行这条路更适合本科生。如果有时间，可以通过寒假实习花两三个月去了解和体验事务所的工作，但是通过这个途径去投行的意义不大。在事务所工作的好处是有机会转行到很多不同的行业，而不会局限于投行。

投行访谈录

Q：您刚刚提到投行的工作不一定适合所有人，那么有没有其他推荐的工作呢？

A：现在比较好的有资管行业的基金公司，银行总行的一些职能部门（如风控部），以及银行的理财子公司，这些都是不错的选择。不过建议尽量去国资背景的金融机构，而且最好是核心部门。进入基金的难度可能更大，所以可以关注银行的理财子公司有没有机会，但是要尽量规避柜员性质和客户经理性质的岗位。

本文编者：邓博文

致　谢

我任教多年，见闻许多学生想要从事投行工作，他们在这个过程中有疑问、有不解，在走上这条职业之路时也遭遇了一些曲折；同时还有一些已毕业的从事投行业务的青年才俊，对职业发展等相关问题也非常关心；此外，还有其他行业的从业人员，想一窥投行的究竟。这便是本书编写的动力。这几年来，我们对17位毕业后从事投行工作，处于不同职业阶段的典型投行人进行了访谈，力求将他们的工作经历讲生动、讲形象，用最真实的内容为新人和行外人答疑解惑。

本书的完成要感谢这17位学生，你们在忙碌的工作中抽出时间接受采访，为本书的完成提供了第一手素材。也感谢你们对同门师弟师妹们的关怀、帮助和提携。本书是一支优秀采写团队的集体成果，所有学生均为组内的中坚骨干，2018级的学生潘越，2019级的学生邓博文、洪瑶、罗一飞、张越，2020级的学生杜鹏远、吴星星、许程智、张含蕾，2021级的学生丁盛、刘丹蕾、陆大炜、栾淋渝、马圆、孙守利、张堇然（以上姓名按拼音排序），是你们认真、严谨的工作态度加速了本书的成稿。

在我任教的过程中，我一直坚信对学生的培养需要载体，而这个载体就是包括本书在内的一项项具体的、实践的研究项目或课题，而不是抽象的、空洞的说教。我一直坚信这个原则，也一直践行这个原则。所幸遇到了一批又一批优秀的学生，让我的理念得到实现，也让我看到你们的认真与执着。再次谢谢你们！

中华民族的伟大复兴需要一代代人的接续奋斗，习近平总书记指出，"青年是整个社会力量中最积极、最有生气的力量，国家的希望在青年，民族的未来在青年"。对于想要从事投行工作，或是刚入职投行的新人们，我希望通过此书，来帮助大家明确未来的工作方向和职业奋斗路径，让读者们不仅"走近"而且"走进"前辈们的投行生活，审视自己的"投行"初心，用真心去做好服务，帮助更多优秀的企业上市、融资，从源头上为构建中国高水平的资本市场贡献力量。

社会的进步发展需要各行各业的人员协同配合，对于其他行业的从业人员，我希望通过此书，能让大家对投行有一个真实的认识，尤其是在信息爆炸的时代，我们接收到的信息极其庞杂，我们希望通过此书，让最真实的投行形象跃然纸上。

最后，再次郑重感谢本书的读者们！你们的期待是我和学生们完成本书的动力。让我们携手并进、坚定信念、不惧风雨、勇挑重担，为实现中华民族伟大复兴的中国梦而奋勇拼搏！